「ことば」の戦略

MAGIC WORDS

by Jonah Berger

たった1語がすべてを変える。

ペンシルベニア大学ウォートン校教授 ジョーナ・バーガー 著
依田光江 訳

ハーパーコリンズ・ジャパン

MAGIC WORDS
by Jonah Berger

This edition is published by arrangement with
HarperCollins Publishers LLC, New York, U.S.A.

Published by K.K. HarperCollins Japan, 2023

ことばの力に驚いたことのあるあなたへ

「ことば」の戦略　たった1語がすべてを変える。 目次

※本文中の［　］内は訳注。また、本文脇の＊や＊＊は同じ見開き内に側注、本文脇の数字は巻末に原注があることを示す。

はじめに

息子ジャスパーは、1歳になったころに「お願い《プリーズ》」と言うようになった――少なくとも、言おうとしていた。まだLをうまく発音できないので、「おえやい《ピーズ》」にしか聞こえないのだが、何を言いたいのかは私たちに充分伝わった。

ことばを使うこと自体にたいして驚きはない。大半の子どもは生後6カ月で基本的な音を認識し、生後1年で1～3語のことばを発するようになるからだ。

だが、興味を惹《ひ》かれたのは、息子がそのことばをどんなふうに使うかだった。

何かほしいものがあるとき、まずは「抱っこ《アップ》」「ヨーグルト《ヨー》」「ちゃいろ、くましゃん《ブラウ　ベー》」のように言って、様子を見る。ほしいものがすぐに手に入れば、それでよし。ことばを足すことはない。だが、ほしいものが手に入らないとき、あるいは、周りの大人がほしいものを用意してくれているように見えないときには、大人の目をまっすぐ見て、頭を軽く動かし、言うのだ。「ピーズ」と。

成長とともにジャスパーの語彙《ごい》は増えていった。大好きな生き物（恐竜《ディドー》）、したいこと（滑り台《ウィー》）、数（ふたつ《ツー》）。さらには、「ピーズ」のあとに本気度を示す「ほんとに《イャー》」をつけ足すようになった――「ヨー、ピーズ、イャー（ヨーグルト、お願い、ほんとに）」のように。おとなびた言い方に直すと、「なあ、ヨーグルト食べたいんだけど。頼むよ」。

そのなかにあって、「ピーズ」は特別だった。これをつうじて息子は初めて、ことばに力があると知ったのだ。人を動かす力があると。ほしいものがあるのに、すぐには手に入りそうにないとき、「ピーズ」をつけ足せば、願いがかなうと。少なくとも、願いがかないやすくなると。

息子ジャスパーはこうして人生初の「魔法のことば《マジックワード》」を見つけた。

私たちの行動のほぼすべてにことばがかかわっている。考えを伝え合うのにも、自分を表現するのにも、愛する人との絆《きずな》を深めるのにも、ことばを使う。リーダーが人を率い、営業担当者が商品を売り、親が子を養育し、教師が生徒に教え、為政者が国を治め、医師が患者に説明するのにもことばが介在する。自分だけの秘《ひそ》かな想《おも》いもことばで紡《つむ》いでいる。

ある推計によれば、人は1日に1万6000語を発しているそうだ。[1] 電子メールを送り、プレゼンテーション原稿を起こし、友人や同僚やクライアントに話しかけている。マッチングサイトのプロフィールを書き、ご近所さんと雑談し、パートナーに連絡をとって様子を尋ねる。私たちはこうしてことばを長い時間使っているのに、使っていることばそのものについて考えることはめったにない。伝えたい「意図」についてはいろいろと思い巡らすだろうが、意図を伝えるためにどのような特定の「ことば」を選べばいいかについてはさほど注意を払わない。なぜそんなことを気にする必要がある？　どれを選ぼうが、しょせん、ほかのことばと入れ替え可能なものでしょう？

3つまえの文を読み直してほしい。「特定の」を「具体的な」「個々の」に入れ替えても意味が通じるし、ほかの言い回しもいくつも考えられる。意図を相手に理解してもらうことの重要性はわかりきっているが、特定のどのことばを使うかは二の次にされやすい。成り行きでことばを選んだり、たまたま頭に浮かんだことばをそのまま口にしたりする。

だが、直感というものはあてにならない。まったく。

1語のちがいを解析する

1940年代は、ことばひとつで世界を変えることができた。災難に見舞われても、おまえの人生を潰してやると悪人たちに脅されても、コミックブックのビリー・バットソン少年が

「シャザム！」と唱えれば、とてつもない強さと速さをもったスーパーヒーローに変身した。

そうしたマジックワードはいつの時代にもどこの場所にもあった。「アブラカタブラ！」「ホーカス・ポーカス！」から、「開けゴマ！」「エクスペクト・パトローナム！」まで、奇術師や魔術師、あらゆる種類のヒーローたちが、特別なことばを使って不思議な力を呼び寄せてきた。魔法の呪文と同じように、あることばを戦略的に使うことで、なんでもできるし、なんでも変えることができた。そのことばを聞かされた人たちに抵抗する術《すべ》はない。

架空の世界の話だろうって？　いや、そうでもない。

１９７０年代後半、ハーバード大学の研究チームが実験をおこなった。[2] ニューヨーク市立大学の図書館でコピー機を使っている人に順番を譲ってほしいと頼むものだ。

ニューヨークは文化の発信地として知られる。多種多様な人種・民族が暮らし、さまざまなレストランが並ぶ。だが、フレンドリーという点ではどうだろう。正直なところ、あまり温かみを感じる街ではない。ニューヨーカーたちは早口でしゃべり、がんがん働き、いつも慌ただしく動き回ることで有名だ。だから、通りすがりの人のために自身を後回しにするように説得するのは、できたとしてもかなりむずかしいと予想された。

研究チームは、うまく説得するための因子が何かを特定したかった。研究員のひとりが図書館のテーブルにつき、誰かがコピー機を使い始めるのを待つ。コピー機の上に資料を置いていまにもコピーを始めそうな人がいたら、研究員が割り込む算段だ。コピー機に近づき、何も知らないその利用者の手を止めさせ、先に自分に使わせてほしいと頼む。

研究員たちはそれぞれに異なる頼み方をした。ある者はただこう言う。「すみません、5ページだけなんですが、先に使わせてもらえませんか?」別の者は、そのあとに「というのも(because)」を足して、理由を説明する。「すみません、5ページだけなんですが、先に使わせてもらえませんか? というのも、ちょっと急いでいるものですから」という具合に。

ふたつのアプローチは一見するとほとんど同じだ。どちらも丁寧に「すみません」と話しかけ、分量が5ページであると告げている。つまり、どちらも相手側にかける負担に変わりはない。どちらも、相手のコピーを中断させ、資料をマシンの上からどけさせ、割り込みのコピーが終わるまでぼんやりと待たせることに変わりはない。

ところが、ほとんど同じに見えるふたつのアプローチの結果は大きくちがっていた。「というのも」を加えて理由を説明したやり方のほうが、そうでないやり方よりも、50%多くの人に順番を譲ってもらえたのだ。

たった1語があるかないかで、説得の効果に50%もの開きが出る。たいした差だ。ただし、公平のために補足すると、ふたつのアプローチのちがいは「というのも」の1語だけではない可能性も考えられる。後者のアプローチは、「というのも」に続けて、理由の中身を加えているからだ（つまり、要求者が急いでいるという情報が付加されている）。

「というのも」単体で説得が効果を増したのではなく、そこに添えられた理由に納得がいったから多くの人が要求に応えたのかもしれない。自分はたいして急いでいないが、要求者は急いでいるらしい。だから礼儀として、あるいは人の役に立ちたいと思って、「どうぞ」と言ったのではないか？

だが、そうではなかった。研究チームは、さらに別のアプローチも試していた。納得のいく理由を示すのではなく、意味のない理由をつけ足してみた。「すみません、5ページだけなんですが、先に使わせてもらえませんか？ というのも、コピーをしなくちゃならなくて」

この3番目のアプローチでは、要求者の言った理由に新たな情報は盛り込まれていない。先の利用者にコピーを使いたいと頼んだ時点で、要求者がコピーをとりたいことはわかりきっている。だからこの場合、「というのも」の語をつけ足したことに意味はないはずだ。正当な理由があれば説得力が増すというのなら、コピーをとりたいからコピー機を使いたいと言っては、相手を説得できないはずだ。無意味な理由を言ったりすれば、むしろ、説得力を損ない、相手の了承を得にくくなることも考えられる。

ところが、そうはならなかった。意味のない理由をつけた場合でも、説得力は低下するのではなく増大し、正当な理由を示したときと同じくらいの効果があった。説得できるかどうかを左右するのは、理由の正当性ではなかった。理由の本文のまえに現れる1語が左右していたのだ――「というのも（because）」

コピー機を介したこの調査は、マジックワードのほんの一例に過ぎない。あなたが「～が好き」と言うよりも、「～がお薦め」と言うほうが、その提案を人が受け入れる率が32％増える。マッチングサイトの自己プロフィールに、フォーマル感漂う「whom」を使うと、男性会員がデートにこぎ着ける率が31％高まる。また、企業の採用担当者に履歴書・職務経歴書を送る際に添えるカバーレターの文面で、前置詞の数が多い人のほうが職を得る確率が24％高くなる。商品説明において、短縮形（isn't）ではなく1語ずつ区切って「is not」と発言するほうが、顧客が支払ってもいいと考える額が3ドル増える。投資家に向けた業績発表での言い回しは株価に影響し、CEOの話し方は運用利回りを左右する。

なぜ、こんなことがわかるのか？　言語を追究する新しい科学が進展してきたからだ。機械学習や数理言語学、自然言語処理〔人間が日常的に使用することばをコンピューターで分析する一連の技術〕の進歩と、カバーレターから会話の中身まであらゆるもののデジタル化とが相まって、ことばを分析する能力は飛躍的に向上し、従来なら考えられなかったほど細やかに指針を得られるようになった。

私が自動テキスト分析を使い始めたのは、偶然の出来事がきっかけだった。ゼロ年代半ば、ペンシルベニア大学ウォートン校で教授職に就いた1年目に、私は物事が流行《はや》る理由について研究していた。人はなぜ、ほかのどれでもない、ある特定のものに目を留めたり、人に話したりするのかを知りたいと思い、解析の材料としてニューヨーク・タイムズ紙の1面から社会面まで、ワールドニュースからスポーツ面まで、膨大な数の記事をデータセットにまとめた。記事の多くは読み物として優れていたが、「最もメールでシェアされた記事」リストの上位にランクインするものはほんの一握りしかない。記事の人気を左右するのはなんなのかを突き止めようとした。

解析のためにはまず、記事がバズるさまざまな要因を測定する必要があった。たとえば、読者がタイムズ紙のサイトを訪問したときに最初に表示されるホームページの掲載記事はより注目を集めやすいだろうから、それを考慮する。同様に、ある特定の欄やある特定の記者には多くの固定読者がいるので、それらも加味する。

筆者のチームがとくに知りたかったのは、記事の書き方で関心のもたれ方や伝達の広がり方にちがいが表れるかということだったが、それを明らかにするには、記事の特徴——たとえば、どれだけ感情を揺さぶるか、どれだけ有益な情報が盛り込まれているかなど——を測定する方法を見つけなければならない。われわれはまず、リサーチ助手の募集をかけるところから始めた。興味をもった学部生たちから、研究に参加させてほしいとメールが届き、たしかに研究のこの部分は学生の助けを借りやすかった。学生一人ひとりが記事を読み、感情を揺さぶられた度合いを「少し」か「おおいに」で評価するのだ。

このアプローチはかなりうまくいった――少なくともはじめのうちは。読む記事が数本か、せいぜい数十本のうちは。

だが、記事の数が何千にもなると、うまくいかなくなった。リサーチ助手が記事を10本、100本、1000本読むのにかかる時間は、当然ながら、1本読むときの10倍、100倍、1000倍になる。

リサーチ助手の人数を増やしてみたが、それでも進み具合は遅いままだった。しかも、人が多くなるほど、一貫性のある結果を得ることがむずかしくなっていった。あるリサーチ助手が感情にうったえかけると感じる記事を、別の助手はまったくそう思わない。われわれは、こうした食い違いが研究全体の正確性を損なうのではないかと恐れた。

安定した尺度で大量のデータを評価できる客観的な測定法が必要だ。数千本にのぼる記事を、リサーチ助手を飽きさせず、疲弊もさせずに評価する首尾一貫した方法を見つけなければならない。

同僚たちに相談をもちかけたところ、語彙を抽象化してカテゴライズするツール、〈リングイスティック・インクワイアリー・アンド・ワード・カウント〉(以下、LIWC)の使用を勧められた。シンプルながら卓越した能力を発揮するコンピュータープログラムだ。利用者がテキストの塊（新聞記事など）を入力すると、プログラムがさまざまな角度から分析し、評点を出力する。たとえば、そのテキストのなかに感情に関係のある語が何回出現したかを数え、その記事が感情にどの程度フォーカスしているかを測るのだ。

生身のリサーチ助手とはちがい、プログラムは疲れることがない。しかも、完全な一貫性を保つ。つねに同じ基準で対象を評価する。

こうしてＬＩＷＣは、あちこちで知られているとおり、私にとっても気に入りの研究ツールとなった[*]。

マジックワードの力

ＬＩＷＣが出現した１９９０年代半ば以降、特定の語句を数える手法、文書のなかのメインテーマを見つけ出す手法、ことばのなかから知恵を抽出する手法など、さまざまなツールや方法論が登場してきた。

顕微鏡が生物学を飛躍的に進歩させ、望遠鏡が天文学の固定観念をくつがえしたのと同じように、自然言語処理のツールは社会科学の姿を一変させ、人間のあらゆる行動の本質が見えるようになってきた。筆者のチームでは、以下のような使い方をした。顧客サービスの電話対応を解析し、顧客満足度を高めることば遣いを導き出した。会話で使われることばを解析し、なぜ相手に届きやすいものとそうでないものがあるのかを学んだ。オンラインの記事を解析し、読者を惹きつける書き方を突き止めた。映画数千本の脚本を解析し、大ヒット作が生まれるポイントを見きわめた。数万本の学術論文を解析し、高い評価を得やすい書き方を明らかにした。数百万本のオンラインのレビュー投稿を解析し、言語が口コミに及ぼす影響力を知った。

さらに、患者と医師との意思疎通の様子を調べ、治療アドヒアランス［患者自身が治療方針を理解・納得し、積極的に治療に参加すること］を高める医師の話し方を明らかにした。仮釈放審問を調べ、仮釈放が許可されやすい釈明の仕方を明らかにした。法律的主張を調べ、勝訴を招く要因を明らかにした。テレビ番組の何万件もの台本を調べ、番組をおもしろくする要素を拾いあげた。25万曲以上の歌詞を調べ、ヒットにつながりやすいフレーズを特定した。

その過程で私は、マジックワードのパワーを目撃してきた。たしかに、「何を話すか」は重要だが、ことばのなかには明らかにほかのことばよりも強い力をもつものがある。適切なこと

＊　ＬＩＷＣに関心のあるかたは、ジェームズ・Ｗ・ペネベーカー著『*The Secret Life of Pronouns*（代名詞の秘密）』をチェックしてみてほしい。

ばを適切なときに使えば、人の気持ちを変えさせ、聴衆の関心を引き、行動を促す可能性を高めることができる。

では、マジックワードとは具体的になんなのか？　そのパワーをどうすれば使いこなせるのか？

この本では、ことばの作用の仕組みと、さらに重要なこととして、ことばをどんなふうに使えば自分に有利に働くかを取りあげる。他者を説得し、関係を深め、家でも職場でもいままでよりもうまくやっていくために。

もう少し細かく言うと、この本ではことばのもつパワーを次の6つのカテゴリから、章ごとに解説していく。

(1)「アイデンティティ」と「主体性」の力

ことばは、誰が主体となるか、誰に責任があるか、ある行動に関与することにどんな意味があるのかを示す。そのため、使うことばを少し変えただけで、影響力が大きく変わることがある。動詞ではなく名詞を使うほうが他者を説得しやすいのはなぜか。適切に「ノー」と言うことが目標達成にいかに役立つか。行き詰まりを感じて自問するときのことばをひとつ変えるだけでいかに問題解決能力を高められるか――第1章ではこれらの理由を探究していく。自分のことを三人称で話すとなぜ不安が和らいでコミュニケーションがうまくいくのか。「あなた」のような単純なことばが、なぜある種の社会交流には役立ち、別の場面では有害に働くのか。ことばがいかに人の主体性と共感力に影響を与え、倫理的な行動をとるかどうか、投票に行くかどうか、夫婦喧嘩《げんか》をするかどうかなどのふるまいを左右するのか。

(2)「自信」の力

ことばは、事実や意見を伝えるのはもちろんだが、同時に、話者がその事実や意見にどれだけ自信をもっているかも伝達する。自信の度合いによって、こちらの影響力の強さと相手の受け止め方が変わることを第2章で説明しよう。口下手な営業担当者が不適切なことばを除くことで、いかに成績トップに昇ったか、弁護士の話し方はなぜ話の内容と同等にたいせつなのか、言語スタイルによっていかにその人が信用でき、信頼に値し、威厳があるように見えるかについて知っていこう。なぜ私たちは、まちがいが多いとわかっているときでも自信に満ちたファイナンシャルアドバイザーに頼ろうとするのか。なぜ「(このレストランの料理は)おいしい」という口コミのほうが「おいしかった」という過去形の表現よりも多くの客をその店に向かわせるのか。確信をもって言い切るほうが有利な場合もある一方で、あいまいな言い方のほうがむしろ好まれるのはどのような場合だろうか。論争のさなかに、自陣営の立場への疑念を交ぜると、かえって相手陣営から発言を聴いてもらいやすくなるのはなぜか。また、限界や弱さを認めることで、より信頼感を得られるのはなぜだろうか。

(3)「質問」の力

第3章では、よい質問の仕方を科学的に探究する。他者に助言を求めると、かえってその人が賢く見るのはなぜか。初デートで多く質問する人のほうが2回目のデートにこぎ着ける確率が高まるのはなぜだろうか。どのような種類の質問を、どのようなタイミングでおこなうと効果的だろうか。答えにくい質問をはぐらかしたり、人に秘密を打ち明けさせたりするにはどうすればいいか。ある夫婦が編み出した、社会的つながりを早く深めるための確実な方法とはどのようなものか。適切な質問が、なぜ相手に気遣いを示すことにつながるのか。

(4)「具体性」の力

第4章では、ことばの具体性のもつパワーについて紹介する。傾聴してもらえるのはどんなことばだろうか。「問題を解決する」と言うより「不具合を修理する」と言うほうが顧客満足度を高めるのはなぜか。知識がときに不幸のもとになるのはなぜか。たんに「トップス」と言うより「グレーのTシャツ」と言うほうが売上が増えるのはなぜか。一方で、具体的な表現より抽象的なほうが適しているのはどんな場合か。抽象的なことばが、パワーやリーダーシップが存在する信号となり、スタートアップが資金を集めるのに役立つのはなぜだろうか。

(5)「感情」の力

第5章では、感情の表現が絆やつながりを強める理由と、人生のさまざまな場面で感情のことばを活用する方法について紹介する。おもしろいストーリーの構築を科学的に探究した22歳のインターンがいかにポッドキャスト帝国を築いたか。ネガティブな要素を加えるとポジティブな話がいっそうウケるのはなぜか。感情のことばが売上の伸びにつながる商品カテゴリとそうでないカテゴリがあるのはどうしてかを探究していこう。さらに、たいしておもしろくなさそうなトピックでも人の関心を引く方法や、相手に誇りや喜びを感じさせるとこちらの次の話を聴いてもらいにくくなる理由についても解説する。この章が終わるころには、あなたは感情のことばの操り方も使うべきタイミングも理解し、プレゼンテーションや物語、コンテンツを聴衆の胸に深く響くように組み立てられるようになっている。

（6）「類似性」と「相違性」の力

第6章のテーマは、ことばの類似性だ。類似性のもつ意味、そして、類似性が、昇進あるいはクビの宣告、友だちづくりや二度目のデートに行けるかどうかなど、あらゆる状況の説明に役立つ理由を見ていこう。ただし、類似性はつねに好ましいわけではない。ときには、相違性のほうが有利に働く場合もある。型破りな楽曲が人気を博していく理由、〈Ｓｉｒｉ〉や〈Ａｌｅｘａ〉の裏で人工知能がどんなふうに、物語の動く速さやその範囲を定量化しているかも知っていこう。この章を読み終わるころには、他者の言語スタイルを意識し、他者と似たスタイルを使うべきか異なるスタイルを使うべきかを見分け、自身のアイデアをなるべく理解されやすく、好意的な反応を引き出しやすいように表現する術を会得しているはずだ。

このように、第1章から第6章ではマジックワードを6つの切り口から紐解《ひもと》き、ことばのもつ影響力にフォーカスする。ことばをうまく使えば、健康も幸せもつかみやすくなるとおわかりいただけるだろう。

そして第7章ではさらに話を進め、「ことばから見えてくるもの」をテーマにする。ある戯曲が本当にシェイクスピア作なのかを研究チームはどうやって突き止めたのか。返済不履行に陥りやすい人をローン申請書の文面から見定めることはできるのか（ヒント：愛想のよさでは測れない）。ことばからそのときの社会の姿を知ることができるか。数十万曲の歌を分析すると、昔から繰り返されてきた問い――音楽は基本的に女性蔑視なのか（もしそうだとすれば、時代とともに状況はよくなりつつあるのか）――の答えが見えてくる。警察官が装着するボディカメラの映像を分析すると、アフリカ系アメリカ人に話しかけるときには、白人に対するときとはちがう微妙な差別意識をとらえることができる。第7章を読み終えるころには、ことばを通して周りの世界がもっとよく見えるようになっているだろう。人の性格や行動の動機も、社会にひっそりと存在する固定観念や偏見も、ことばのなかににじみ出るのだ。

各章は、マジックワードのタイプを取りあげてその使い方にフォーカスする。取りあげる用例には、たとえば「できない（can't）」ではなく「しない（don't）」を使おう、というシンプルなものもあれば、もっと複雑だったり、文脈によって変化したりするものもある。

本書はことばをいかに効果的に使うかについて述べるが、もしあなたが、そうした知見を発見するためのツールについて知りたければ、巻末の付録を参照してほしい。広く知られている手法と、その手法を実際に現場で利用している例を紹介する。

自分で意識しているかどうかは別にして、私たちはみな書き手《ライター》だ。本や新聞記事は執筆しないかもしれないし、作家やジャーナリストと名乗ることもないかもしれないが、私たちはみな、日々書いている。同僚へ仕事のメールを送り、友人にテキストメッセージを送る。上司宛てに報告書を書き、取引先に向けたスライド資料集をまとめる。

私たちはみな話し手《スピーカー》でもある。何千何万の聴衆をまえに登壇することはないかもしれないが、私たちはみな人前で話している。企業にプレゼンテーションをおこない、初デートで雑談を交わし、寄付を募り、子どもに部屋を片づけるように指示している。

だが、よりよい書き手と話し手になるためには——意図をもって丁寧なコミュニケーションをとるには——その場で使うべき適切なことばを知っている必要がある。人を聴く気にさせ、注意を払わせ、こちらの望む行動をとらせるのは簡単ではない。人の意欲をかき立て、創造性を発揮させ、社会的つながりを築くのもむずかしい。

それでも、適切なことばを知っていれば、うまくいきやすくなる。

世のなかには、ことばを操る能力に長《た》けた人たちがいるとよく聞く。カリスマ性があり、多くの人を説得でき、言うべきことばがつねにわかっているように見える人たちだ。だが、そういう才能に恵まれなかった人は、不運だったとあきらめるしかないのだろうか？

そんなことはない。

人を優れた書き手や話し手にするのは、もって生まれた才能ではなく、学んで身につける技術だ。ことばには驚くべき力があり、いつ、どういう理由で、どんなふうにその力が発揮されるのかを知っておけば、私たちもことばを使って自身の影響力を高めることができる。

ことばをもっと効果的に使いたい、あるいは、ことばが働く仕組みをただ知りたい、そのどちらであっても本書はあなたの役に立てる。

第1章

"名《ことば》"は体を表す

シリコンバレーの顔とも言えるベンチャー企業の賑《にぎ》わいからほど近い、ありふれた脇道に、全米屈指と評される幼稚園《プリスクール》がある。この〈ビング・ナーサリー・スクール〉は、子どもにとって夢の場所だ。各教室は2000平方メートルの屋外スペースとつながり、そこにはなだらかな起伏のある小山や橋、砂場、鶏《とり》小屋、ウサギ小屋が設置されている。広くて明るい教室にはお絵描きの道具や積み木など、子どもの好奇心を刺激し、発育を助けるさまざまな教材があふれる。建物そのものも子どものことを考えた造りになっていて、たとえば窓は、小さな子どもの背の高さに合わせて低いところまで伸びている。

当然ながら、入園競争は熾烈《しれつ》を極める。なんとしても我が子を入れたい何千人もの親が、1

00名強の順番待ちリストに殺到する。入園審査係に、我が子は天才だ、音楽の才能がある、多言語で数を数えられる、などと口々にうったえるのだ。

だが、〈ビング〉は特別に優秀な子どもを求めているのではない。実際は逆だ。全人口に占める比率を反映するように、多様な属性をもった子どもたちを集めている。〈ビング〉はただの幼稚園ではなく、研究施設だからだ。

1960年代はじめ、スタンフォード大学は研究施設としての学校を新たにつくろうとしていた。自校の教授陣や職員に子どもの預け先が必要なうえに、教育・心理学分野の大学院生に実践的な学びの機会を用意したかった大学は、アメリカ国立科学財団の資金援助を受けて、最先端の研究施設を建てた。研究対象の園として〈ビング〉には、見学者用の空間が屋内外に整備され、子どもたちの教室での様子をマジックミラー越しに観察できる小部屋も設けられている。子どもの発達を研究する者にとって理想の場所なのだ。

設立以来、多くの研究が〈ビング〉でなされてきた。子どもの自制心を見るいわゆる「マシュマロ実験」（目のまえのマシュマロ1個を食べずにがまんしたら、あとでもう1個もらえる）も、ここでおこなわれた。同様に、内発的動機づけに関する研究では、子どもがすでに楽しんでいること（塗り絵など）に対して褒美を与えると、将来それをする可能性が低くなることを突き止めた。

比較的最近の研究には、科学者のグループが〈ビング〉に行き、子どもたちに手伝いを促す方法を探ったものがある。[1] 手伝いという行為に価値があることは言うまでもない。親は皿洗いを手伝うよう子どもに求め、教師はおもちゃの片づけを手伝うよう子どもに指示し、子どもはブランコを押すのを手伝ってくれるよう友だちに頼む。

だが、子どもに何かをさせようとしたことがある人ならわかるように、子どもはそうそう手伝いをしたがらない。クライアントや同僚、顧客だって同じだが、子どももこちらがしてほしいことにいつも興味があるわけではないのだ。マグナタイル［さまざまな形状のプラスチックタイルを磁石で組み立てていく玩具］を積んだり、ソファでジャンプしたり、玄関の靴箱にある靴のひもを全部ほどいたりするほうが好きだ。

子どもやほかの人たちに特定の行動をとらせる方法を探るため、研究チームは4歳児と5歳児のグループに、彼らがとくにいやがる「お片づけ」を頼んだ。床に転がるブロックとおもちゃとクレヨンをそれぞれの箱に戻すように、と。この説得をいっそうむずかしくしたのは、研究チームが敢《あ》えて、子どもたちが何かほかのこと——おもちゃで遊ぶ、クレヨンで絵を描くなど——に熱中するまで待ってから片づけを頼んだことだ。子どもたちにとって、最も手伝いなどしたくない時間を意図的に選んだ。

ひとつのグループの子どもには単純に手伝いを頼む。手伝うことはいいことであり、物を拾って動かすことも、困っている人に手を貸すことも、手伝いなのだと諭した。

もうひとつのグループには、頼み方にひねりを加えた。手伝いのたいせつさを説き、手伝うにはさまざまなやり方があることを話すところまでは同じだが、ひとつだけちがうところがあった。「手伝う」ように頼むのではなく、「(先生の)助手《ヘルパー》になって」と頼んだのだ。

たいした差はないように見える。どっちでもいいではないかと思えるほど。たしかに、多くの点でふたつのグループへの頼み方にちがいはない。内容は同じ(おもちゃを片づける)だし、どちらにも他者に手を貸す「手伝う(help)」ということばが入っている。つまり、両者の差はアルファベット2文字(末尾に「~する人」を表す「er」をつけただけ)しかない。

ところが、取るに足らないように見えるこのちがいが、結果に大きな差を生んだ。手伝いをふつうに頼んだ子どもグループと、「助手になって」と頼んだ子どもグループでは、後者のほうが実際に片づける子どもが約33%多かった。

なぜ? なぜたった2文字にこれだけの影響があったのか?

その答えは、動詞と名詞のちがいにあることが判明した。

嘘をつくな↓「嘘つき」になるな――動詞よりも名詞がものをいう

私があなたに、レベッカとフレッドというふたりの人物について説明するとしよう。「レベッカは定期的に走っていて、フレッドはランナーだよ」。あなたはどちらの人がより多く走っていると感じるだろうか。

人の性質はさまざまに表現できる。ピーターは年をとっている、スコットは若い。スーザンは女性で、トムは男性。チャーリーは野球が好き、クリスティンは気前がいい、マイクはチョコレートをたくさん食べる。ジェシカは朝型人間で、ダニーは犬が大好き、ジルはコーヒー党。年齢や性別といった人口統計学上の属性から、何かについての意見や顔立ち、趣味嗜好《しこう》など、このような説明をつうじて、その人がどんな人でどんな特徴をもっているかをある程度、表現することができる。

一方、同じことを伝えるのにも、さまざまな言い方がある。たとえば、左派寄りの政治信念をもつ人を「あの人はリベラルな人だ」と表現したり「あの人はリベラル派だ」と表現したりする。犬をかわいがる人のことなら、「あの人は犬が大好きだ」と表現したり「あの人は愛犬家だ」と表現したりする。ちょっとした言い換えのようだが、どの例でも後者のほうは属するカテゴリを指している。誰かが「リベラルな人」と評されるのなら、それはその人が左派寄りの考えをもつことを説明するだけだが、「あの人はリベラル派だ」と評されるのなら、特定の陣営や集団に入っていることを示唆する。ある具体的な共通の性質をもった集まりに属していると推測される。

　カテゴリのラベルづけには往々にして、永続性や安定性の意図が込められる。誰かが何かを「した／する」「感じた／感じる」というより、もっと深い本質をほのめかす——どのような人間なのかと。時間や状況に関係なく、その人はそのタイプの人間であり、つねにそのような人間でありつづけていることを伝えるのだ。

　「（あの人は）リベラルな人」と聞くと、その人が「現在は」左派寄りの考えをもっていると連想するが、「（あの人は）リベラル派だ」と聞くと、もっと永続的な信条だと連想する。「（あの人は）犬が好きだ」と聞くと、ああ、いまは犬が好きなのだなと思うが、「（あの人は）愛犬家だ」と聞くと、その人が愛犬家というタイプの人間であり、これからも長くその属性が続くと想像する。同じ光景を、たとえば、「サリーは皿を片づけなかった」と一時的な状態として表現するか、「サリーはずぼらだ」とカテゴリラベルを貼って表現するかでは、後者のほうがより永続的で根源的な印象を与える。「負ける」はネガティブなことばだが、「敗者」となるともっと深刻な感じになる。

　別の例として、ニンジンをよく食べるローズという人を「ニンジン大好き人間《キャロット・イーター》」と表現したとしよう。それを聞いた人は、ローズのその性質を固定的なものに感じる。つまり、子どものころから大量のニンジンを食べ、いまも食べ、将来もそのまま食べ、たとえ誰かに止められても食べつづけそう、と思う。過去も未来も関係ない、人から制止されても関係ない、その行動が永遠に続くという印象を受けるのだ。[2]

　ラベルづけからの推論はかなり強いので、私たちはふつう、たんなる行動とラベルとを切り分けて考える。弁護人が被告への寛大な計らいを求めるときには、「彼は犯罪者《クリミナル》ではありません。ただ、判断を誤っただけなんです」と言う。スポーツのファンは「ぼくはときどき試合を見るけどね、熱狂的《ファナティック》ファンじゃないよ」と言ったりする。

　ラベルにはつねに、ことばの特定の部品がかかわっている――名詞だ。性質を示す「リベラルな」は形容詞であり、カテゴリの「リベラル派」は名詞である。「（あの人は）たくさん走る」の「走る」は動詞であり、「ランナー」は「走る《ラン》」という行動（動詞）がその人のアイデンティティ（名詞）に転じたものだ。

　さまざまな分野やトピックにおいて、行動をアイデンティティに変換することで他者からの認識のされ方が変わることが判明している。[3]たとえば、誰かが「コーヒー党」（「コーヒーをたくさん飲む」ではなく）、あるいは「パソコン通」（「パソコンをよく使う」ではなく）と呼ばれていると、それを聞いた人は、その人がコーヒーやパソコンに詳しく、大好きで、おそらく将来もその好みをもちつづけ、周りの人が同じ好みを共有しなくてもこだわりつづけるのだろうと察する。

動詞ベースの説明を名詞に変換すると、人の態度や嗜好がより根源的な気質と見なされ、したがってより強く、より長く持続すると認識される。たまたま一時的にとっただけの態度ではなく、その人のアイデンティティになるのだ。

行動をアイデンティティに言い換えることで人の印象が変えられるのなら、さまざまな場面で応用できる。

たとえば履歴書なら、「真面目に働きます」と書くよりも「勤勉」「努力家」と書くほうが好印象をもたれる可能性が高まりそうだ。同僚を表現するなら、「イノベーティブな人」よりも「イノベーター」と言うほうが、より肯定的な印象を周囲に与えられるだろう。

この名詞効果はもっと広い範囲に及ぶ。たんに相手の認識に影響を与えるだけでなく、行動も変えさせることができるのだ。ある行動を、望ましいアイデンティティや自己像を獲得する手段として提示することで、結果的に人がとる行動を変えることができる。

誰だって、自分は知的で有能で魅力的で、みなにとってだいじな存在であるとポジティブに考えたい。運動神経がいいとか雑学に詳しいとか、冷蔵庫にあるものでいつでもうまい夕食がつくれるとか、得意分野はさまざまだろうが、どの観点からにせよ、誰もが自分を肯定的に見たいものだ。そのため、自身をどんな人間だと思いたいかに合わせた行動をとろうとする。運動好きだと思いたい？　ときどきは走っておこう。金持ちで高い地位にいると思いたい？　高級車を買ったり、エキゾチックな場所へ旅行したりしよう。なりたい自分に即した行動をとり、そぐわない行動を避けることで、なりたい自分になっていることを自分自身に知らせることができる。

しかも、知らせる相手は自分自身だけではない。他者の目にこう映りたいと願っている人は、その望ましいアイデンティティと結びつく行動が示されると、自然にその行動をとるようになる。

〈ビング・ナーサリー・スクール〉の研究がここにかかわってくる。

私たちが誰かに手助けを求めるとき、動詞を使うことが多い。「積み木の片づけをお手伝いして」「皿洗いを手伝ってくれない？」はどちらも、「手伝う《ヘルプ》」という動作動詞を使っている。だが、同じ依頼を、動詞を名詞に変えて言い直すことが可能だ。「積み木の片づけをお手伝いして」の代わりに「積み木を片づける助手《ヘルパー》になって」と。このちょっとした変換によって、それまでのただの行動（片づけを手伝う）が、より永続的で深みのあるものに変わる。積み木を片づけることがたんなる行動ではなくなる。機会になる。自分が望ましいアイデンティティをもっていることを証明するチャンスになるのだ。

胡散《うさん》臭く思う親御さんもいるかもしれないが、大半の子どもは自身を助手だと思いたがっている。たしかに、重いゴミを外に運んだり、夕食を調理したりはできないが、助手になること、つまりある集団にとって役に立つ存在になることは、彼らがそうありたい好ましいアイデンティティのひとつなのだ。動詞を名詞に変換して呼び名にするということは、それまでたんなる行動（手伝う）だったものが、好ましいアイデンティティ（助手）を自身に重ねる機会に変わるということだ。こうして積み木の片づけが、自分自身に、さらには他者に対しても、自分がよい人間であることを示すチャンスになる――ぼくは価値のあるグループの価値のあるメンバーなんだ、と。

手伝うという行動？　もちろんいいことだ。自身が助手であると思えるチャンスを得ることは？　そうありたいアイデンティティを自分ももつことは？　こうして、描きかけのクレヨンを置き、片づけを手伝うことに大きな価値が生まれる。〈ビング〉の子どもたちが実践したのはまさにこれだ。

動詞から名詞への変換で発揮される力は、子どもや片づけの範囲にとどまらない。

たとえば２００８年、同じ原則を当てはめて投票率を向上させる研究がおこなわれた。投票は民主主義を機能させるためのカギであり、国のありようの決定に市民が参加する機会でもあるが、投票行動をとらない人は実際にはかなりいる。手伝いの例と同じように、投票も、多くの人がそうすべきだと知ってはいるが、つねにそうするとはかぎらない——忙しい、忘れていた、候補者に興味をもてなくて。

当時の研究チームはことばの観点から工夫できないかと考えた。具体的には、「投票しましょう」とうったえる従来のやり方から、少しことば遣いを変えてみたのだ——「投票する人《ボーター》になりましょう」。

この例でも字面上の差異はほんのわずかだ。アルファベットでいえば「vote（投票する）」の末尾に「r」をつけるかどうかのちがいに過ぎない。だが、そのちがいは結果に表れた。投票率が15％以上あがったのだ。[4]

行動を、自分が望ましいアイデンティティの持ち主であると示せる機会に言い換えたことで、より多くの人にその行動をとらせることに成功した。投票するというたんなる行動が、なんらかの望ましいアイデンティティを示す機会に変化し、多くの人がその行動をとる結果につながったのだ。

人に話を聴いてほしい？「聴く人《リスナー》になってください」と言おう。リードしてほしい？「リーダーになってください」。もっと勤勉に働いてほしい？「きみならトップ・パフォーマーになれる[*]」

同じ発想で、望ましくない行動から遠ざけるように促すこともできる。不誠実な行動は社会にコストをかける。たとえば、職場での犯罪によってアメリカ企業は年間500億ドル以上の損害を被っている。

私たちはよく、倫理的に行動しましょうとか、正しい行動をとりましょうと言い聞かされるが、アイデンティティにうったえる言い方のほうが効果が高い場合がある。ある研究によると、「ずる《チート》をするな」よりも「ずるいやつ《チーター》になるな」と言われるほうが、不正行為に手を染める人の数が半分以下になるという。[5] ある行動が、自らの望ましくないアイデンティティと結びつく場合には、人はその行動をとりにくくなるのだ。

ルール違反のごみ捨てをやめさせるには？「ゴミを捨てないでください」と言うより、「ポイ捨て人《リターバグ》にならないでください」と言おう。子どもに本当のことを言わせるには？「嘘《うそ》をつくな」よりも「嘘つきになるな」のほうが効果的だ。

こうした発想は自分自身にも有効になりうる。ジムでの運動やランニングを習慣づけるには？「私は走っている」ではなく「私はランナーだ」と言えば、自分が継続的に走っていて、ランニングが自分という人間の一部になっているという印象を与えられる。周囲にそう思われた以上、やめづらくなる。

この「アイデンティティ」とは、ことばがもち合わせる多種多様な要素のひとつだ。本章ではそのなかでも、「アイデンティティ」と「主体性」というカテゴリに着目し、どのようなことばの使い方ができるか見ていこう。

* ただし、有効なアプローチであっても、逆効果になることがある。たとえば、科学的思考を伴うゲームを子どもに説明する際、「科学の勉強をする」ことに関係のあるゲームだと伝えたときと、「科学者になる」ことに関係のあるゲームだと伝えたときとでは、後者では女子の興味を低減させる。研究の主催者は、こう推測している。「子どもたちに、自身が科学者というカテゴリに入れるのかと疑問に思う理由があると（たとえば、過去に理科の授業で挫折を味わったり、科学者に対してなんらかの先入観をもっていたりしていた場合）、科学を自身のアイデンティティと重ねては見ないため、アイデンティティにうったえかける言い方が問題の原因になることがある」。以下を参照。Marjorie Rhodes et al., "Subtle Linguistic Cues Increase Girls' Engagement in Science," *Psychological Science* 30, no. 3 (2019): 455-66, https://doi.org/10.1177/0956797618823670.

NOの効果的な伝え方

望ましい行動をことばが促すという事実には興味を惹かれる。とはいえ、望ましい自己像の形成以外にも、ことばにはできることがある。「主導権を握っているのは誰か」を示すことだ。

人には、到達したいゴールがある。もっと運動して少しは体重を減らしたい。借金をなくして家計を健全にしたい。部屋を片づけたい。新しいことを学びたい。家族や友人と過ごす時間を増やしたい。

だが、ゴールを掲げて努力したとしても、途中で挫折する場合もまた多い。運動しよう、家計を健全にしよう、と心に決めても、なかなかそのとおりにはならない。

大きな原因は誘惑にさらされることだ。ヘルシーな食事をとろうと思っていても、ピザを食べに行こうと同僚に言われれば、魅力的すぎて断れない。部屋を片づけるつもりだったのに、友人のSNSをつい追ってしまい、2時間経《た》ってから、しまったと我に返る。新年の誓いを立てたり、きょうから心機一転がんばると決めたりしても、誘惑が邪魔をする。

ことばにできることはあるだろうか？

誘惑にさらされると、私たちはよく「〜できない（can't）」と言う。シカゴ風の深皿ピザはいかにもうまそうだが、ヘルシーな食事をしようとがんばっているところだから、ぼくは**食べられない**。一緒に旅行したいんだけど、お金を貯《た》めてるところだから、私は**行けないの**。「〜できない」が便利なのは、なぜ自分がその何かをしないのかを手っ取り早く説明してくれるからだ。

ここで、ある調査を紹介しよう。２０１０年に消費者心理学の専門家ふたりが、ヘルシーな食事に興味のある人たちに声をかけ、食生活の改善を達成しやすくする方法についての実験に参加してもらった。[6] 参加者には、誘惑にさらされるたびに、決まった戦略で抵抗してもらう。参加者の半分には、「〜できない」を使って断るという、よくあるアプローチを指示した。たとえば、チョコレートケーキの店に誘われたら、誘ってきた友人あるいは自分自身に「ぼくはチョコレートケーキは**食べられない**」と言う。

残り半分の参加者には、少しちがうアプローチを指示した。誘惑をかわすときに、「私は〜できない（I can't）」ではなく、「私は〜しない（I don't）」と言うのだ。チョコレートケーキに誘惑されたのなら、「ぼくはチョコレートケーキは**食べない**」と言う。

「手伝う《ヘルプ》」と「助手《ヘルパー》」のときと同じように、「〜できない」と「〜しない」の差はわずかにしか見えない。実際、どちらも私たちは断り文句として頻繁に使っている。

だが、ふたつのうち一方には他方よりもはるかに効果があることが判明した。実験期間の終了後、部屋に集められた参加者たちはいくつかの質問に答え、本来の目的とは関係のない実験を終えて、椅子から立ちあがって退室しようとする。アンケートを提出し、これですべての実験が終わったと思ったその瞬間、ねぎらいのことばとともに2種類のスナックバーが差し出され、どちらかどうぞと言われる。ひとつはキャンディバー、もうひとつは健康によさそうなグラノーラバーだ。

キャンディバーは、いかにも甘くてうまそうだ。実験期間中、「～できない」と断っていたグループの約75％はキャンディバーを選んだ。これに対し、「～しない」グループでキャンディバーを選んだ人数はその半分だった。誘惑の場面で「～できない」ではなく「～しない」を言いつづけることで、誘惑に耐え、ゴールを目指そうとする力が2倍になったのだ。

実験の主催者がさらに研究を進めたところ、「～しない」がより効果的なのは、当人の感じ方に働きかける力があるからだとわかった。

「～できない」には、自分が何かをおこなえないことを伝えると同時に、特定の種類の理由が存在することをほのめかしている。感覚をつかむため、左の空欄を埋めて考えてみよう。

私が□□□□□を食べられないのは、□□□□からだ。

私が□□□□□□を買えないのは、□□□□□□からだ。
私が□□□□□□をできないのは、□□□□□□からだ。

食べ物にしろ、品物や行動にしろ、「〜からだ」の理由に挙げたところにはおそらく、なんらかの外部的な制約が入っているのではないだろうか。うまそうなシカゴ風ピザを私が「食べられない」のは、「かかりつけ医から健康的な食事をするように注意された」から。新型テレビを私が「買えない」のは、「妻／夫から節約するように言われた」から。

「私は〜できない」には、本当はそうしたいのに、何かが、あるいは誰かがそれを邪魔している、という含みがある。なんらかの外部制約（医師や配偶者やとにかく自分以外の何か）から、自分のしたいことを止められていると。

一方、「〜しない」のほうはかなりちがう。質問に「〜しない」の言い方で答えると、理由のタイプが大きく変わる。試しに、左の空欄を埋めてみてほしい。

私が□□□□□□を食べないのは、□□□□□□からだ。
私が□□□□□□を買わないのは、□□□□□□からだ。
私が□□□□□□をしないのは、□□□□□□□からだ。

ノーを言う原動力が、一時的な制約ではなく、もっと永続的な何か、つまり自分に定着した考え方に変わったのではないだろうか。

外部にあるもの、自分以外の誰かや何かが、したいことを妨げているのではなく、いまや支配元が自分の内面に移ったのだ。私がシカゴ風ピザを食べないのは、私がそれを好きではないから。5分ごとにメールチェックをしないのは、深く考える時間がほしいから。

「私は〜しない」と言うことが誘惑を避けるのに役立つのは、自分に強い力があると感じさせてくれるからだ。コントロールしているのは自分なのだと。したいことを何かに邪魔されているのではなく、運転席にいるのは自分なのだ。決めるのは自分だ。もちろん、録画したテレビ番組をイッキ見したっていいし、無駄遣いをしたっていいし、だらだらと寝そべっていてもいい。そうしようと思えばできる。でも私はしない。何か別の行動を私は選ぶ。

自分が支配しているというこの感覚は、誘惑から遠ざかるほうへと人を促す。そもそも、目指すゴールは自分のものなのだから。

新年の誓いを立てたはいいが、守るのに苦労している？　ゴールになかなか近づけない？　もしそうなら、「できない」の代わりに「しない」と言ってみよう。

ある行動を避けたいと思う理由を、自分がコントロールしていると感じられるかどうかに注意して書き出してみよう。うっかり忘れそうなら、「私は〜しない」と付箋に書いて、冷蔵庫やコンピューターなど、誘惑されそうになったときにすぐ目につく場所に貼っておくといい。あるいは、新年の誓いが試練にさらされそうな時間帯にカレンダー招待がポップアップするように設定しておくとか。こうした注意信号があれば、コントロールしているのは自分であることを思い出し、ゴールへの執念を見失いにくくなる。

ほかの種類の拒否にも同じ戦術が役立つ。私たちはときに、引き受けたくないことを頼まれる。相手の気を損ねずにうまく断るのはむずかしいものだ。誰かを手伝ったり、支えたりするのはよいことだが、頼まれごとをすべて引き受けることはできない。自分の仕事と関係のない部会への参加を同僚から求められたり、事前に合意していた業務範囲に含まれない仕事を上司から頼まれたりしたときに、角を立てずに逃げ道を見つけるのは簡単ではない。

専門家はよく、「ノー・バディ」すなわち、「ノーを言う理由になってくれる相棒《バディ》」を見つけなさいと言う。断り文句を言うときの外部要因となってくれる同僚や上司などのことだ。

じつは、ことばだけでも同じ効果を発揮することができる。

このような状況では「〜できない」がとりわけ便利だ。まえに述べたとおり、誘惑を避ける場面なら、拒否の原動力が外部にあることが暗示されるために「〜できない」は有用な言い方ではなかったが、まさに同じ理由から、望まない依頼を断る場面では「～できない」はきわめて使い勝手がいい。

「その部会には**参加できないよ**、うちのボスから新人の指導を頼まれたから」「はじめに合意した計画以上のことは**できません**。納期に間に合わなくなってしまうので」みたいな言い方をすれば、拒否の当事者が自分から離れたところにあると示すことができる。自分がいやだからノーと言っているのではなく、別の、外部の何かのせいなのだと印象づけられる。私は手伝いたい、けれど、事情がそれを許さないんですと。

相手が外部制約をコントロールできる立場にいる場合には、その制約が妨げになっていると明確にすることで、どちらに転んでもいい状況にできる。ふたつを両立させることはできないが、何が制約なのかを示せば、相手にどちらのほうがより重要かを決定する機会を与えられる。新たな助っ人《すけと》を用意するかもしれないし、外部制約を取り除くために協力して動いてくれるかもしれない。

「すべき」か「できる」か――クリエイティブな人が使うことば

創造性豊かな人間になるのはむずかしい。ある調査によると、ＣＥＯの60％が創造性はリーダーの資質として最も重要だと答えている一方で、私たちの75％はその素質をもち合わせていないと考えている。

ここで注目したいのは、問題解決においては創造性がとりわけ重要だという点だ。

愛するペットがきわめて珍しいガンにかかったと想像してほしい。複数の人に助言を求めたところ、あるひとつの薬だけにペットの生命を救う可能性のあることがわかった。しかも幸運なことに、その製薬会社は地元にある。だがつらいことに、薬の値段はべらぼうに高い。ローンを組もうか、新たなクレジットカードを申し込もうか、家族や友人から金を借りようか、とあなたは考えるが、かき集めたところで治療にかかる費用の半分にもならない。あなたは絶望し、こうなったら製薬会社に侵入して薬を盗むしかないと思い詰める。

病気のペットのために薬を盗むかどうか――こうしたモラル・ジレンマは、正しいこととまちがったこととのあいだにある倫理的課題として考えられる。ほかにも、誰にもばれないとわかっているときに、出世するためにずるをするかどうか、逮捕されないとわかっているときに、嘘をついて金をだましとるかどうか、なども同じく、倫理的課題に当てはまる。

ある状況では、明らかに「正しい」答えがある。たとえ誰にもばれなくても、人をだますのは悪いことであり、逮捕されないとしても、嘘をつくのはまちがっている。たしかに、自身の利益と他者の利益とのあいだには衝突があるが、何が「正しい」かはかなりはっきりしている。

ところが、はっきり「この答えが正しい」と言い切れない場合がある。たとえば、ガンにかかったペットのために考えた方法は、どれも理想的ではない。盗みがまちがっているのは明らかだが、ペットを衰弱するにまかせるのも正しい行為には見えない。

このような状況が「正しさと正しさのジレンマ」と呼ばれるのは、モラルに基づく行動にはトレードオフが発生するからだ。私たちはときに、ひとつの原則（たとえば、公正かつ倫理的に行動する）を別の原則（たとえば、愛する者を護《まも》る）のために犠牲にしなければならない葛藤を強いられる。どれかを選べば、ほかのどれかはあきらめなければならないように見え、ウィンウィンというよりルーズルーズの感覚に陥る。

このような難題に直面すると、しばしばこう自問する——「何をすべきなのか？」ぼくはペットを助けるべきなのか（でも、そうすると盗んではいけないという原則に違反する）、それとも、法のなかにとどまるべきなのか（でも、そうすると家族同然のだいじな仲間の命を救えない）。

そう、私たちはつねに「すべきこと」を考える。取扱説明書には製品を「どんなふうに使うべきか」が書かれ、就業規則には従業員が職場で「どう行動すべきか」が書かれ、企業の行動規範には多様性や環境に配慮して「何をおこなうべきか」が書かれている。

だから、モラルの問題であれ何であれ、難問に直面したときに、真っ先に「何をすべきか」と考えてしまうのは当然と言える。実際、モラル上の問題への対応を考えるときに頭に浮かんだ単語や語句を尋ねると、ほぼ3分の2の回答は「どうすべきか」だった。

だが、この「～すべき」という考え方は一般的ではあるが、私たちを立ち往生させることがよくある。もともと「～すべき」は、善悪の問題を解決するのに適している。さほどの大問題に見えなくても、また、誰にもばれないとわかっていても、嘘をつくか、だますか、盗むかどうかなどを決めるときにはこの「～すべき」が浮上する。このような状況で「すべき」ことを考えると、人は道徳的指針を思い出す。自分には人としてどのような「義務がある」のかを考え、その考えが、高いモラルに沿った道を選びやすくするのだ。

一方で「～すべき」がたいして役に立たない状況も多い。病気のペットを救うか、薬を盗むかどうかを考えるときには、「正しい答え」がないため、「～すべき」のマインドセットのままではうまくいかない。「～すべき」で考えると、理想とは程遠いふたつの選択肢のあいだで妥協を迫られることになり、悩みがいっそう深くなる。異なる価値観を比較検討し、「望ましくなさ」が最も低い選択肢はどれかを考えようとし、結局、動けなくなる。

もっといい方法がある。

モラル・ジレンマを解決したい、あるいはもっと創造的に思考したいという場合に、私たちはよく直感のひらめきを探そうとする。解決策や、問題への立ち向かい方が不意にくっきりと見える「ピンと来た!」の瞬間だ。考えてすぐに思い浮かぶものでも、深い分析や熟考ののちにたどり着くものでもなく、ひらめきとは、思いがけないときに稲妻みたいに打たれるものだ。

たとえば創造性の場合、物事をそれまでとはちがう角度から見たときにひらめきが降ってくる。1箱のマッチと1箱の画鋲《がびょう》だけを使って、ろうそくに火をつけて壁に固定するにはどうしたらいいだろう。この問題について、少し考えてみてほしい。あなたなら、どのように解決するだろうか。

真っ先に画鋲に飛びつく人が多い。画鋲でろうそくを壁に固定しようとする。残念ながら、これはうまくいかない。平たい部分の大きさが足りず、ろうそくを固定する方法がない。何度も何度も試し、画鋲でいろいろな形状をつくってみて、そのつど失敗する。だが見方を変えてみると、画鋲にはとても便利な面がある。ろうそくを壁に直接留めるのではなく、画鋲の箱を使うのだ。箱から画鋲を全部出し、その画鋲で箱を壁に固定し、ろうそくを置く台にする。

一件落着。

ただし、このような解決策に至るには思い込みから離れる必要がある。ある物体を、特定の働きだけをする何かとして見る（例：箱の仕事は、画鋲の入れ物になること）のではなく、見方の幅を広げ、別の使い方ができないかと考えてみるのだ。

問題解決に至る方法を探究するために、ハーバード大学の研究チームがある実験をおこなった。[7]先に紹介した病気のペットのような、さまざまなモラル・ジレンマを用意し、実験参加者がそれをどう解決するのかを精査した。

また、よりクリエイティブな解決方法を編み出せるかどうかを知るため、参加者のひとつのグループには通常とは少し異なるアプローチをとらせた。「何をすべきか（should）」と考える一般的なやり方ではなく、「何ができるか（could）」を考えさせたのだ。

このシンプルな転換は、結果に大きなちがいとなって表れる。「何ができるか」を考えた参加者グループのほうが、よりよい解決策に到達した。他グループより高い解決能力を示し、創造性の点では他グループより3倍優れていた。

「何ができるか」を考えるように指示された参加者グループは、不完全なふたつの選択肢のあいだでどちらがましかとぐずぐず迷うのではなく、新たなマインドセットで問題に向き合った。問題から距離をとり、俯瞰《ふかん》して考えたのだ。複数の目的や代替案や成果を検討するために、そして、ほかの可能性を発見するために。

「何ができるか」の思考法は、白黒はっきりさせるのではなく、二者択一を迫るのでもなく、ほかの道の可能性に思い至らせてくれる。ペットを見殺しにするか、さもなければ犯罪者になるかのような、どちらも無理な選択肢ではなく、さらに別の、より望ましい方法があるかもしれない。たとえば、製薬会社（あるいは獣医師）のところで一定時間数、無償で働き、引き換えに薬を分けてもらうとか、〈ゴー・ファンド・ミー〉［アメリカのクラウドファンディングのプラットフォーム］で治療費の支援を募るとか。

「何ができるか」は、従来の考え方に縛られない拡散的思考を促すため、まったく新しい発想の解決策を見いだすヒントになる。境界を設けず、既存の枠にとらわれずに考える。複数のアプローチを検討し、新しいつながりを探り、わかりきった答えに流れる可能性を減らす。物事がどういう状況にあるのかだけを見るのではなく、物事をどういう状況に移せるかを考える。わかりきったことはひとまず措《お》き、ちがうやり方を模索するのだ。

たとえば、鉛筆の跡を消さなければならないとしよう。物の使い方をさまざまに考えられる人ほど、ふつうの日用品の賢い使い方を思いつきやすかったという研究結果がある。[8] 消しゴムが手元になくても、輪ゴムで鉛筆の跡を消せるんじゃないかと気づく。有害な粉塵《ふんじん》を吸い込まないようにするためのマスクがない場合、「何ができるか」を考えられる人は、靴下で代用できる可能性を思いつきやすかった。

問題の解決に手こずっている？　もっと創造性を発揮したい？　周囲の人に創造性を発揮してほしい？

「何ができるか」のマインドセットを育てよう。「何をすべきか」を考える代わりに、「何ができるか」を問うのだ。そうすることで自身もほかの人たちも「主体的」に考え、新しい道筋を検討し、道をふさぐ障害を機会に変えることができる。

人に助言を求める際にも同じことが当てはまる。私たちはよく、「私は**どうすべき**だと思う？」と相手に尋ねる。

この尋ね方が適している場合もあるが、つねにベストとはかぎらない。むしろ、「私には**何ができる**と思う？」と尋ねることで、相手はより広い見地に立ち、結果として、より創造的な助言が返ってくる可能性が高まるだろう。

セルフトークの効能：「私」を「あなた」に置き換える

ここまで、ことばをつうじてアイデンティティにうったえかけ、主体性を引き出す方法について述べてきた。ただし状況によっては、むしろ自分自身と距離を置くほうが適していることがある。

だいじなプレゼンテーションの前夜。あなたは眠れない。資料はうまく準備できたはずだが、明日の成功にすべてがかかっていると思うと、何度も確認せずにはいられない。少なくとも6回はスライドを見直し、箇条書きをつけ加えたり、文言を手直ししたりする。それでも不安は消えない。

そんなとき、どうすれば不安を解消し、最高のパフォーマンスを発揮できるのだろうか。

大きなプレゼンテーションが控えているとき、初めてのデートに出かけるとき、揉《も》めそうな話し合いに臨むとき、私たちの神経は昂《たか》ぶっている。ヘマをするのではないか、まちがったことを口走るのではないか、実力を出せないまま終わるのではないか、と心配でたまらない。その心配が、さらに事態を悪化させる。うまくいかないシーンを想像し、ネガティブなことばかり考え、結果的にパフォーマンスを低下させてしまう。

ありがたいのは、周囲の人が手を差し伸べてくれることだ。友人やパートナー、親しい同僚は不安を察知して、あなたを落ち着かせようとする。「きっとうまくいきますよ」「心配するなって。話はうまいし、準備もばっちりできてるし」など。彼らは明るい面へと目を向けさせ、すべてが大丈夫であることを伝え、前回どれだけうまくやったかを思い出させ、ポジティブな面や自分でコントロールできることに意識を集中させようとする。

ここで疑問なのは、なぜ私たちは自分自身には同じことをできないのかということだ。ほかの人から「うまくいくよ」と言われて落ち着くのなら、なぜ自分にも同じことを言えないのだろうか。

ひとつの可能性は、自分の問題がほかの人のそれよりも実際に大きいということだ。プレゼンテーションも初めてのデートも、揉めそうな話し合いも、自分の抱えている問題のほうが、その重要さも神経の疲労も難易度も、他者のものより大きいから、自分は緊張するのだと。ありえなくはない。とはいえ、ホワイトハウスで閣僚をまえにプレゼンテーションしたり、核兵器条約の交渉をしたりするのでなければ、自分の問題も他人の問題もむずかしさの程度はおそらく同じくらいだろう。

むしろ、ちがいはより微妙なところにある。まったく同じ状況であっても、自分の身に降りかかったとなれば、感じ方が変わるからだ。

自分以外の誰かが悩んでいたり、緊張したりしているとき、その人に有益な助言をするのは簡単なことだ。一歩下がって全体を見渡し、合理的に物事を考えることができるし、客観的に状況を見ることができる。

そのプレゼンテーションは、本当にそんなに心配するようなものか？　おそらくちがう。世界の終わり？　まさか。冷静に全体を眺めてみれば、おそろしく思うほどのことではない。

だが、いざ自分のこととなると、距離を置くのはむずかしくなる。問題にがっちりととらえられ、正常な思考ができなくなる。感情が先走り、冷静さを飲み込んでしまう。注意力が低下し、ネガティブなことをくどくどと考え、そこから抜け出せなくなる。

人を落ち着かせる方法を探究する目的で、ミシガン大学の研究チームがストレスのかかる状況を用意して実験をおこなった。[9]被験者はまず、憧れの仕事を思い浮かべ、働きたいと願っている会社に入り、就きたいと願っている役職に就いた自分を想像するようにと指示される。

次に、その憧れの仕事に自分がふさわしい理由をスピーチするように求められる。判定員が居並ぶまえに立ち、何百人何千人の優秀な応募者のなかから、なぜ自分を採用すべきかをうったえなければならない。

しかも、追い打ちをかけるように、準備の時間は5分しかないと告げられる。

すごいストレスだろうって？　まさに。心臓が激しく打ち、血圧は跳ねあがり、主要なストレスホルモンであるコルチゾールの分泌量が急増する。自分を採点する聴衆のまえでスピーチをおこなうことは、ストレスを招く方法としてとくに強力なことがすでにわかっている。

実験の主催者が被験者をこの状況に置いたのは、いわゆる「独り言《セルフトーク》」の効果を見たかったたからだった。私たちはことばを使って他者とコミュニケーションをとる一方で、自分自身にも語りかけている。きついランニングの終盤で「あともう少し」と自分を励ましたり、鏡を見るたびに増えている白髪を嘆いたり。

セルフトークは自然で内面的な対話だ。意識しておこなう思考と、無意識の信念や偏見が合わさった内なる声だ。前向きで自分を鼓舞する(「あと1周!」)こともあれば、後ろ向きで自虐的なもの(「あーあ、また白髪? 年取っちゃったなあ」)のこともある。

実験の主催者は、セルフトークのアプローチを変えることが、ストレスの軽減に役立つかどうかを調べようとした。そこで、被験者に与えた5分間の準備時間のなかで、緊張を和らげるためのことばの使い方としてふたつのアプローチを提示した。

セルフトークでは、ふつうは誰もが一人称を使う。いまの感情がなんなのかを知りたい、あるいは不安の理由を突き止めたいときには、「なぜ、**私/ぼく**はこんなにイライラ/クヨクヨしているのだろう?」「**私/ぼく**をこんな気持ちにさせているのはなんなのか?」のように自問するだろう。自分を指すのに「I, my, me」の一人称代名詞を使って考える。

被験者の一方のグループには、一般的なアプローチでの、つまり一人称を用いてのセルフトークを指示した。「なぜ、**私/ぼく**は、こんな気持ちなのか?」「**私/ぼく**の感情がこうなっている根本の原因と理由は何か?」

もう一方のグループには、少しちがうアプローチを指示した。自身の観点から不安を理解しようとするのではなく、外部の観点に立つこと、そして、「私／ぼくは」「私／ぼくの」ではなく、「あなた／きみ（you）」か、自身の名前、または「彼（he）」「彼女（she）」を使うように指示したのだ。

たとえばジェインという名の人だったら、「**ジェイン**はどうしてこんな気持ちになっているの？」「**彼女**はスピーチをすることになぜこんなに緊張しているの？」「**ジェイン**をこういう気持ちにさせている原因と理由は何？」などと自分に訊《き》くのだ。

被験者は注意書きを読み、短時間で自分の感情と向き合い、その後、別の部屋へ行ってスピーチをする。採点者はスピーチを聴き、いくつかの項目について点数をつける。

結果には大きなちがいが出た。どちらのグループのスピーカーも、緊張する場面（人前でスピーチ）に立たされたところは同じだった。準備時間は両グループとも最小限で、スピーチ前に自分の感情と向き合う時間は5分間しかなかった。唯一のちがいは、セルフトークを二人称または三人称で言うか、一人称で言うかだった。「なぜ、**きみ**はそんなに緊張しているんだい？」あるいは「なぜ、**ぼく**はこんなに緊張しているんだろう？」

これだけのちがいが、スピーチの出来に強く影響した。「私」や「ぼく」を使ったふつうのセルフトークのグループよりも、自分の名前や「あなた」を使って外部の視点で自分に話しかけたグループのほうが、スピーチの得点が高かった。自信があり、ピリピリしたところが少なく、全体として落ち着いてスピーチをこなせたのだ。

一人称を使わない言い方は、困難な状況からいったん距離を置き、外部の視点で物事を見るのに効果があった。ふつうの「私」を使うアプローチは、たとえばこんな感じだろうか。「あぁ、**私**はどうすればいいんだろう。下書きのメモもなしで、たった5分でスピーチの準備なんて無理。ふつうだったら何日もまえから準備するのに！」

だが、自身の名前や、「あなた」「彼」「彼女」のようなことばを使うと、外部の第三者の立場から、状況をよりポジティブにとらえることができる。不満を募らせ、ストレスを感じるのではなく、励まし、支え、助言を与えられるのだ。「**ジェイン**、**あなた**ならできる。これまで何百回もスピーチしてきたじゃない」

外部視点で発せられることばは、話者が物事をより客観的に見るのに役立つので、不安を増大させにくい。ネガティブな感情は小さくなり、状況をよりポジティブに、つまり、太刀打ちできない脅威ではなく、乗り越えた先に成功が待っているチャンスなのだととらえられるようになる。

同様の効果は他の分野でも見つかっている。食べ物を選ぶときや健康上の不安について考えるときなど、一人称から離れることで、状況から距離を置いて冷静に見ることができ、より望ましい結果につながることが判明した。[10] 健康的な食べ物を選びやすくなり、自分の健康状態をより直視できるようになるのだ。

同じ原則が多数の状況に当てはまる。たとえば、運動選手がポジティブなセルフトークをする訓練を積めば、競技成績の向上となって表れる。[11] プロ選手は成功している自分をイメージし、複数のシナリオを意識して練習することがよくあり、ときには練習中ずっと、自分への激励を呪文のように唱えつづける。

だいじな試合をまえに自分を奮い立たせるため、運動選手はよく「**おまえ**ならできる！」と自分に言う。「**おれ**はできる！」だと、無理強いされている感じがややあるが、外部視点で言うと、すっと入ってきやすいのだ。

「私」と「あなた」は諸刃の剣

このセルフトークの研究はさらに、「あなた」のような代名詞が有効な場合と、裏目に出やすい場合についても考察している。

数年前、多国籍テクノロジー企業から私に、ＳＮＳに投稿した内容を分析して、何が会社にとって有益な発信で何がそうでないかを判別してほしいとの依頼があった。数千件の投稿内容をテキスト分析したところ、「あなた（you）」の文字があると閲覧者のエンゲージメント［企業やブランド、商品とのつながりの強さ。顧客のロイヤルティ、好感度、購売頻度などに影響する］がよくなることがわかった。「あなたは（you）」をはじめ、「あなたの（your）」「あなた自身が（yourself）」のような二人称を使った表現の入った投稿は、閲覧者により興味をもたれ、コメントをより集めやすかった。

結果を受けてその企業は、自社のソーシャルメディア戦略を手直しすることになった。二人称に類する語を増やし、閲覧者のエンゲージメントを高めていった。

その企業からさらに、コンピューターサポート部門の掲載記事についても分析を依頼された。新型ノートパソコンのセットアップ方法や、トラブルシューティングの方法を紹介するウェブページを対象に、閲覧者が有益と思ったかどうかを調べるものだった。するとサポート部門では、ＳＮＳのときとは異なり、二人称の「あなた」が不利に働いた。ＳＮＳでは「あなた」が閲覧者のエンゲージメントを高めたが、顧客サポートでは「あなた」はページの有用性を高めるどころか、下げることが判明したのだ。

矛盾した結果に興味をもったわれわれ研究チームは、さらに分析を進めることにした。

ＳＮＳの投稿と、サポートページの記事にはさまざまなちがいがある。前者は短く、技術的に掘り下げた内容ではなく、顧客でない不特定多数も気軽に訪れる。「あなた」の効果が変動する理由を突き止めるにはまず、「あなた」や他の二人称代名詞が文脈ごとにどのような働きをするのかを理解する必要があった。

SNSでは、膨大な数の人たちからのフィードがあふれかえっており、深く読んでもらうのはむずかしい。目を留めさせる方法として写真は有効だが、適切なことば遣いにもそれと似た効果がある。このような状況では、「あなた」のような語が一時停止の標識の役割を果たし、ここにだいじなことが書いてありますよ、とのフラグになりうるのだ。

「お金を貯めるための5つのヒント」という投稿が目に入ったとしよう。このタイトルでは、閲覧者自身に関係のある内容かどうかはっきりしない。だがここに「あなた」を加えて、「**あなた**がお金を貯めるための5つのヒント」とすると、とたんにその投稿は当人に意味のあるものに変わる。たんなる情報ではなく、「あなたにとって有用な何か」となるのだ。「あなた」は人の注意を惹き、閲覧者当人との関連性を強め、自分が直接話しかけられているように感じさせる。[12]

一方、顧客サポートページの場合、閲覧者の注意を惹く必要はない。彼らはすでにそこにいるからだ。彼らがそのページに来たのは、何か知りたいことがあったり、問題が発生して困っていたりするからであって、彼らの注意ははじめからページのコンテンツに集中している。

さらに、「あなた」の存在は、この情報が閲覧者個人と関係があることを示すだけでなく、責任や責めを負う者が誰かも暗示する。「プリンターが動作しない場合には……」と比べると、「**あなた**がプリンターを正常に動作させられない場合には……」の言い方は、利用者側になんらかの落ち度があってプリンターが動作しない印象を与える。問題はプリンターそのものではなく、正しく使用していない利用者側にあるとほのめかす。[13]

同様に、「空き容量は以下の手順で増えます」に比べて、主語を入れた「**あなた**は以下の手順で空き容量を増やせます」は、利用者が何かをする必要があると突きつける。「あなた」を使うほど、利用者がしなければならない作業が増える。

つまり「あなた」という語は、注意を惹きたいSNSでは有効だが、顧客サポートページでは、利用者に落ち度や責任があるように思わせるためかえって害になる。

このように、ことばには、誰がコントロールしているのかを変える作用がある。よいことにしろ悪いことにしろ、誰が運転席に座っているのか、誰に責任があるのかを変えられるのだ。「**あなた**は犬に餌《えさ》をやりましたか？」や「**きみ**は書類の提出期限を確認したの？」という訊き方には、相手を責めているニュアンスがある。もしかしたら、責める意図はなく、ただ情報を求めているだけなのかもしれないが、言われたほうはネガティブに受け取ってしまいがちだ。私の責任だったって誰が言っているの？　ぼくが注意していなかったとでも？

けれども、「うちのワンコは夕食を済ませたかな？」とちょっと言い換えるだけで、否定的な反応は起こりにくくなる。動作主体者《アクター》ではなく行動《アクション》を表に出すことで、非難のニュアンスが消えるのだ――**あなた**のするべき仕事だったと言っているのではないよ、ただ、それが済んでいるかどうかを確認したかっただけなんだ。もしまだだったら、ぼくが自分でしようと思って。

同じことが、「私はお話ししたかったのですが、**あなた**はお忙しかったので」のような言い方にも当てはまる。言っている内容は本当かもしれない。こちらは話したかったが、相手は忙しかった。だが、この言い方には非難されるべきは相手だという含みが感じられる。忙しかったことだけでなく、会話がおこなわれなかったことも相手の責だと。

この文から「あなた」を消して、「私はお話ししたかったのですが、いまはタイミングがよくなかったようです」とすると、責任追及の感じを避けられる。誰のせいでもないことを明確にし、互いにあげつらうのではなく、配慮し合っていることを示すことができる。責任の在処《ありか》と受け取られかねない「あなた」を避けることは、意図しない他者への責めを避けることにつながる。

「私」「私を／に」や、他の一人称代名詞を使った表現にも似た効果がある。友人の3歳の息子が食べ物を一口かじったあとで、「これ、おいしくない」と文句を言ったとしよう。

時間をかけて計画し、買い物に行き、調理をしたその子の両親は明らかにがっかりしている。彼らは息子に食事を気に入ってほしかった。だが、これは我が子にだいじなことを教える絶好のチャンスだと考え直す。何かがよくないことと、誰かがそれを好きかどうかは別のことであり、誰かが何かを好きでないからといって、その何かがよくないと決まっているわけではないと教えた。

一人称代名詞を取り除くと、意見は事実として述べられているように見える。「これは正しくない」「この夕食は味がよくない」は、指しているものが客観的に見て悪いものであると示唆する。だが「私」を加えると、述べている内容が客観的な事実ではなく、ひとつの意見であることを明らかにする。

「**私**は、これは正しくないと思う」は、ほかの人の賛同があるにしろないにしろ、この申し立てが個人の意見であることを示す。

人称代名詞は誰が当事者かを示す。そのため、人称代名詞を使うべきかどうかは、話している内容に対してどの程度の責任を負いたいか（負わせたいか）によって変わってくる。

たとえば、あるプロジェクトの成果を関係者のまえで発表するとき、「**私**はXであることを発見しました」と言うこともできるし、「結果からXであることがわかります」と言うこともできる。「私は〜」のほうは、誰が仕事をしたのかを明確にする。話した本人が努力したのだから、功績を認められるべきとの考え方だ。

ただし、「私は〜発見しました」と言うと、その発見がより主観的に見えてしまう。たしかに、あなたは何かを発見したが、ほかの誰かが同じことを発見してはいないだろうか。あるいは、その発見は、プロジェクトを遂行するなかであなたが下した選択に基づくものだろうか？つまり、代名詞を使うかどうかは、手柄や責任の所在をどこに置きたいかや、話の内容を主観的に伝えたいのか、客観的に見せたいのかによって決まる。

第1章のまとめ

ことばはたんに情報を伝えるためだけのものではない。誰が支配権を握っているのか、誰が責めを負うべきなのか、さらには、特定の行動をとることにどんな意味があるのかのシグナルになる。だから、ことばをうまく使えば、自身にも他者にも、望みの行動を促すことができる。

1 行動を「アイデンティティ」に変える

助けがほしい場合や、何かをしてくれるよう誰かを説得したい場合には、動詞を名詞に変えてみよう。行動を、望ましいアイデンティティを裏づける機会に変えることは、人がその方向へと進む後押しとなる。

2 「～できない」を「～しない」に変える

決めたことを守りたいのに邪魔が入ったり、誘惑をうまく断れなかったりすることもあるだろう。そんなときには、「私は～できない」ではなく「私は～しない」と言ってみよう。この言い方をすると、自分に力がある感覚が強まり、目標に到達しやすくなる。

3 「できる」ことは何かを問う

「(自分は) 何をすべきか」ではなく、第三者の目で「(あなたは) 何ができるか」と問うことで、拡散的思考が促され、型にはまった考えから脱出しやすくなる。もっと創造性を発揮したいときや、タフな問題の新しい解決策がほしいときに試してみよう。

4 自身に語りかける方法――セルフトーク――を工夫する

だいじなプレゼンテーションや重大な採用面接のまえは緊張するものだ。落ち着いて臨むために、第三者として自分に話しかけてみよう。きつい状況から距離をとって、不安を減らし、パフォーマンスを高めやすくなる。

5 代名詞の使い方に気を配る

人の注意を惹きたいときや、パートナーとの喧嘩で悩んでいるときには、「私」や「あなた」のような代名詞の使い方に慎重になろう。代名詞は相手の注意を惹き、当事者が誰なのかを示す働きもあるが、一方で、誰に責任があって、誰が責めを負うべきなのかも暗示する。

ことばが表す「アイデンティティ」と「主体性」の効用を知り、適切な使い方を習得すれば、自分に有利な状況に導ける。

次章では、「自信」を伝えることばと説得力について追究していこう。

第2章

なぜあの人のことばには説得力があるのか

有名な演説家と聞いて、ドナルド・トランプの名前が最初に浮かぶことはまずないだろう。古代ローマの哲学者で政治家のキケロは、歴史上とくに優れた演説家のひとりとしてよく名が挙がる。キケロは人前で話すことを知的活動の最高のかたちととらえ、抑制された威厳のある話し方で、機転を利かせつつ堂々と語るべきだと考えていた。演説家としてのエイブラハム・リンカーンやウィンストン・チャーチルらも、考え抜いて強固に確立した思想を、明快で筋道の通った論旨で語るところがつねづね高く評価されていた。

トランプは優れた演説家のイメージに当てはまらない。彼の演説はたいてい文法的に洗練されておらず、繰り返しが多く、出てくるのは単純なことばばかりだ。大統領選に出馬を表明したときの発言をピックアップしてみよう。「私は大きな壁をつくります、私より上手につくれる人はいません、本当です《ビリーブ・ミー》、そして非常に安くつくってみせます」「私たちの国は深刻な状況にあります」「われわれはもはや勝利していません。かつては勝利を重ねてきましたが、いまはちがいます。われわれが、そう、たとえば中国に貿易取引で勝ったのを最後に見たのはいつでしょう？」「私なら中国をいつも打ち負かす。いつも」

当然ながら、この演説はあちこちで冷笑された。世間は単純すぎる物言いにあきれ、タイム誌は「空虚」と評し、ただの大口叩《たた》きだとばかにする人もいた。

だが約1年後、トランプは第45代アメリカ合衆国大統領に選出される。

彼の話し方は、私たちが通常考える雄弁さとはかけ離れている。とりとめがなく、ときに支離滅裂になり、話はあっちこっちへ飛び、しょっちゅう脱線し、ことばもつかえてばかりだ。しかし、トランプを好きかどうかはともかく、彼が偉大なセールスパーソンであることはまちがいない。聴衆の心を揺さぶり、なるほどと思わせ、行動へと駆り立てるインパクトが強烈なのだ。

彼のどこにその秘密があるのだろうか。

トランプの演説スタイルがなぜあれほど効果的なのかを知るために、まずは別の切り口から始めてみよう。ノースカロライナ州ダーラム郡の小さな法廷から。

カリスマ経営者たちの話し方

あなたが法廷に立ったことがないとしても、おそらくテレビか何かで見たことはあるだろう。大きな木の机を囲む原告側と被告側双方の弁護士たち。真実を、すべての真実を、そして真実のみを証言すると宣誓する証人たち。真っ黒な法服をまとい、高い机の向こうに座り、厳粛に審理をつかさどる裁判官。

法廷はことばがきわめて重要な場所だ。タイムトラベルで過去に戻ることはできないので、代わりに、過去に何が起こったのかをことばで再現しようとする。何が起こり、誰がいつ何をし、特定の時間帯に容疑者あるいはカギを握る人物がどこにいたのかを組み立てていく。ことばが有罪か無罪を決める。牢屋《ろうや》に入るのは誰で、自由の身になるのは誰なのか。誰に責任があって、誰にないのか。

１９８０年代前半、人類学者のウィリアム・オバーは、発言のスタイルが法のもとでの裁定に影響するかどうかを考えた。[1] 何が語られたかだけでなく、どんなふうに語られたかも、結果に影響するのだろうか？

従来は、語られる中身こそがすべてだという大前提があった。たしかに、目撃者の証言や弁護士の主張は陪審員の判断を左右するが、それは目撃者や弁護士の述べた事実が重要だったからであって、つまるところ、法制度は客観的で公平な真実の裁定者であると考えられていた。

だがオバーは、その前提がまちがっているかもしれないと疑った。言語スタイルのわずかな差異が、人々の受け止め方や判断に影響を与えるかどうかに興味をもった。たとえば、証人の使うことばの微妙なちがいがその証言の評価や陪審員の最終判断に影響を与えるのではないかと。

そこで、ある夏の10週間、オバーと研究チームは裁判の様子を傍聴し、記録することにした。軽犯罪から殺人などの重犯罪まであらゆる種類の裁判に出向き、法定での合計150時間以上にのぼる発言を余さず録音した。

研究室に戻って録音を聴き、話された内容を一語ずつ書き起こした。データを分析してわかったことがある。裁判官や弁護士、専門家証人は、一般の証人や被告人とは異なる話し方をしていた。「人身保護令状」や「同等過失」などの法律用語が多用されていたのはもちろんだが、それ以上に「話し方」がちがっていたのだ。

裁判官や弁護士、専門家証人は、「プリーズ」「イエス、サー」のような儀礼的なことばを使う頻度が少なく、「あー」「んー」「えー」「ええと……」「ほら……」のような無意味なつなぎことば（フィラーと呼ばれる）も少なかった。同じく、「〜かもしれない」「〜みたいな」のような、断定を避けて表現を和らげる表現（ヘッジと呼ばれる）も少なければ、「それはこんなふうに起こった、のですよね？」「彼はその部屋のなかにいた、のですね？」のような、通常の文を疑問形に変える言い方も少なかった。

こうした差異の理由のひとつは、彼らの置かれた状況にあると考えられる。被告人は裁判を受けているわけなので、できるだけ軽い刑で済むことを望んで、必死で礼儀正しくあろうと努めているだけかもしれない。裁判官や弁護士、専門家証人は、法廷での経験が豊富なので、たいして緊張しないのだと見ることはできる。

だがオバーは、立場や経験のちがいがある程度は差異の理由の説明になったとしても、もっと奥深いところに影響が及ぶのではないかと考えた。ことば遣いには、話し手の立場のちがいが反映されるだけでなく、話し手が周囲からどう受け止められ、さらには裁判がどう決着するかにまで影響する力があるのではないかと。

そこで彼は、研究チームとともに実験をおこなった。[2]ある事件とその証人の発言記録をもとに、俳優を使って、証言の話し方を少し変えたふたつのバージョンを録音した。

事実関係は同じだが、事実を表現することばがちがう。一方のバージョンでは、証人は専門家（裁判官や弁護士、警察官など）が話すように話し、もう一方のバージョンでは、ふつうの人が話すように話した。

たとえば、弁護士から「救急車が到着するまで、あなたはどのくらいの時間、そこにいましたか」と尋ねられたとき、専門家のように話す証人は「20分です。ミセス・デイビスの身体を起こすのに充分な時間がありました」と答えた。ふつうの人のように話す証人は、答えた内容は同じだったが、途中にためらいのことばが挟まった。「ええと、だいたい、あー、20分ぐらい、だったようです。私の友人のミセス・デイビスの身体を起こすのには、はい、充分な時間でしたよ」

弁護士から「そのあたりの地理に詳しいですか」と尋ねられたときには、専門家ふう証人は「はい」とだけ答え、一般人ふう証人は「はい、まあ、そうだと思います」と表現を弱めて答えた。

そして、これらのちがいが聞き手の受け止め方に影響するかどうかを検証するため、研究チームは、複数の聞き手を集め、それぞれの録音を聴かせ、実際の陪審員のように判断してもらった。証人についてどう思ったか、被告人が原告の損害に対して賠償金を支払うべきか、もし支払うとするなら、金額はいくらが妥当か、について聞き手のそれぞれから回答を集めた。

オバーの予想どおり、ことば遣いのちょっとしたちがいで、証人が人に与える印象は変わった。専門家ふうの話し方をすれば、より信頼できる人物に見えるのだ。聞き手は、その証人を有能で信頼できる、ちゃんとした人物と見て、言われたことばを信じやすくなる。

その結果、証言の受け止め方も変わった。事実関係は同一だったのに、専門家ふうの証言を聞いた人は、原告への損害賠償額が何千ドルか上乗せされて当然だと思った。
オバーはこうして、「説得力のある」話し方がもたらす影響を実験によって明らかにした。

それ以来何年もかけて、研究者たちは「説得力のある」ことば遣いの構成要素を緻密に選別していったが、その核となる考え方は変わらなかった。説得力のある話し方をすると、人は自信があるように見える。より確信があり、堂々とした、聡明《そうめい》な人物だと感じられるので、聴衆は耳を傾け、その人物の言うとおりに考えを改める可能性が高くなる。[3]
ドナルド・トランプの話し方には説得力があり、優れたリーダーの話し方にも、スタートアップの創業者の――少なくとも、カリスマ性をもった創業者の――話し方にも説得力がある。彼らは、ビジョンや世界観、将来の展望、イデオロギーを、賛同しないのがむずかしいほどの強烈な説得力をもって打ち出す。自信にあふれているように見えるので、周囲の人はほかの道もあるのではないかという疑念をもちにくい。
ここで強調しておきたいのは、説得力のある話し方や自信ありげな話し方は生まれつきの能力ではなく、習得できるということだ。
自信ありげに話すために注意するポイントを紹介しよう。

ヘッジ（ぼかした表現）を避ける

２００４年、ある研究チームが、資金管理に関して受けた助言のどれを選択するかについて実験をおこなった。[4] 実験の参加者には、まとまった金が相続で入ってきたので、投資方法を指南してくれるアドバイザーを探している状況を想像してもらう。友人の何人かはアドバイザーAを、別の友人たちはアドバイザーBを薦めてきた。どちらを選ぶか決めるため、コンペをおこなうことになった。どちらのアドバイザーも、ある個別株が３カ月後に値上がりする可能性を判断する。参加者は、各アドバイザーの判断と実際の値動きを照らし合わせ、自分にとって有益と思えるアドバイザーを雇う。

アドバイザーAはたとえば、ある企業の株価があがる可能性は76％だと言い、実際にその株は値上がりした。アドバイザーBは、別の企業の株価があがる可能性は93％と言い、実際にその株も値上がりした。

両アドバイザーの予想をそれぞれ30件ほど読み、株ごとのパフォーマンスを確認したのち、参加者は、アドバイザーAとBのどちらを雇うか表明する。

正確を期すため、どちらのアドバイザーも同程度に優秀であり、どちらも過去に50％の確率で正しい予測を出し、50％の確率でまちがっていたものとする。

ただし、参加者には伏せていたが、両アドバイザーには重要がちがいがあった。正確さは同等だったが、一方のアドバイザーは極端な判断を示す傾向があった。穏やかなほうのアドバイザーが株価のあがる可能性をたとえば76％と予測したときに、極端なほうのアドバイザーは93％と予測し、穏やかなほうが株価の下がる可能性を18％と予測したときに、極端なほうは3％と予測するように。

こういう場合には穏やかなほうが好まれるのではないかと考える人もいるだろう。どちらも吟味した結果であり、不確かさをすべて考え合わせたうえでのことなのだから、より穏やかな予測のほうが説得力があると。

ところが、実験の結果はそうはならなかった。

参加者の4分の3が極端なほうのアドバイザーを選んだのだ。彼らは、より強い自信を示す人（より確信があるらしく見える人）に、たとえその自信がアドバイザー当人の市場予測の実力を水増ししたものであったとしても、資金管理を導いてもらいたがった。

結果がこうなった理由は、法廷での証言と同様、説得力を押しあげることばの力だった。投資アドバイザーを選ぶにしろ、証人の話を聴くにしろ、大統領を選ぶにしろ、聞き手は、話し手をより信頼できると感じるときや、話し手が伝達内容について自信をもっていると感じるときに、より強く説得される。

誰かが確信をもって話していると、私たちはその人が正しいことを言っていると思いやすい。候補者のなかで誰がいちばんいい仕事をしてくれるだろうか？　絶対確実とは言い切れないにしても、候補者が確信をもって話すのを聞くと、それがまちがっているとはなかなか思えない。結局のところ、彼らにはそれだけの自信がある（ように見える）のだから。


実験の投資アドバイザーは、自信のほどをパーセンテージに込めた。株価が上がるか下がるかについての予測は同じだったが、その予測をどのくらい確信しているかにちがいがあった。何かが起こる確率を93％だと言うのは、76％と言うのに比べて、より起こりやすく聞こえるので、その分、話し手の確信が強いと感じられるのだ。

一方、ことばそのものも同じ効果を発揮できる。たとえば誰かが、「きょうは**まちがいなく**雨が降る」と言うときには、雨の降る確率がかなり高いことが示唆される。１００％とまではいかなくても、かなりそれに近い感じだ。「きょうは**ほぼまちがいなく**雨が降る」と言うときには、予想の確信度が若干下がるものの、それでも95％近くはありそうに感じる。

「おそらく」や「〜になりそう」のようなことばは、実際にそうなる可能性がやや低くなる（70％程度）ことを示し、「五分五分」は文字どおり50％前後の確率、「〜になりそうもない」はさらに確率が低い状況を表す。誰かが「きょうは雨の降る可能性は**ほぼない**」と言えば、聞いた人は確率はほとんどゼロだと考える。

つまり、こうしたことばは予想を伝えるだけでなく、どういう行動をとるかも方向づける。誰かが「きょうは**まちがいなく**雨が降る」と言うのを聞いたら、あなたは鞄《かばん》に傘を入れるかもしれない。「**明らかに**雨になる」とか、「**絶対に**雨が降る」と聞いたときも同じだ。「雨が降る**かもしれない**」とか、「雨になる**可能性もある**」「雨は降ら**なそう**」の言い方だと、備える気持ちが低くなるだろう。雨に濡《ぬ》れる確率は低いと判断して、傘をもたずに出かけるかもしれない。

投資アドバイザーの実験のときと同じく、これらのことばも、話し手にどれほどの自信があるか、話す内容にどれだけの確信をもっているのかを示す。誰かが「まちがいなく」「明らかに」「絶対に」のようなことばを使っていたら、強い確信のあることがうかがえる。話し手はそれが起こることに強い確信をもっている。雨が降る、疑いの余地なく。

だが、「かもしれない」「ありうる」の場合には、確信のなさが入ってくる。雨が降ってもおかしくないとは思っているが、あまり自信はない。

「かもしれない」「ありうる」のようなことばはヘッジと呼ばれる。あいまいさや、どっちつかず、言質をとられたくない気持ちを表すときに使う。「思う」「推測する」「想定する」など

ヘッジの例

かもしれない	私の意見では	〜のような
ありうる	〜と思う	ある種の
〜のようだ／ 〜のようだった	〜のように思える	おおよそ〜
おそらく	まちがいなく〜と思う	〜ぐらい
もしかしたら	たぶん〜と思う （根拠なし）	概して
〜らしい	たぶん〜と思う （根拠あり）	やや

にも似た働きがある。

また、ヘッジは何かが起こる可能性以外のことも伝える。正確な数字をぼかして表現するとき（「私はこれを3カ月**ほど**おこなっています」）や、自分は確信できていない誰かの意見を引用するとき（「**彼によれば**、これはうまくいきます」）、自分の意見を一般化できるかわからないとき（「**私の意見では**、金を払う価値はありませんね」）などにもヘッジをよく使う。「おおよそ」「〜と言ってよい」「まちがいなく〜と思う」「概して」「〜のような」「もしかしたら」「たぶん」「なくはない」「ふつうは」もヘッジ表現だ。確信度の高低にちがいはあるものの、なんらかの不確実さを表している。

私たちは頻繁にヘッジを使う。「当社は○○がうまくいくと**考えています**」とか、「解決策は有効な**はずです**」「代替策のほうがよい結果となる**でしょう**」という言い方をよく耳にする。「よい方法が**ありそうです**」「**私どもの意見では、**別の方法も試してみる価値があるということです」といったように。

ヘッジは、伝達者がそうと意識していなくても、伝える際のインパクトを弱めかねない。自分の考えや推奨案を他者と共有しようとしているのに、ヘッジによってその価値を低めてしまうからだ。自分の考えや推奨案が、本当に追い求めるべき価値のあるものかどうか確信をもっていないことを示唆している。

実際に、私が同僚と研究チームを組んでおこなった、人が他者の助言にどのくらい従いやすいかを調べる実験では、助言にヘッジがあると、従う可能性が低下した。薦められた商品を買ったり、薦められた行動方針を採用したりしにくかったのだ。

ヘッジは自信のなさのひとつの表れだからだ。「その解決策はうまくいく**でしょう**」「このレストランの料理はおいしいと**思います**」「**たぶん**エンジンを点検修理すべき時期に来ています」はどれも、伝達者の確信のなさを示している。解決策がうまくいくのかどうか、レストランの料理がうまいのかどうか、エンジンを点検修理すべき時期なのかどうかについて断定していない。用心深く控えめな物言いはときに美徳とされるが、ヘッジの使用は伝達者を自信なさそうに見せ、他者への影響力を損なう。

提示した解決策がうまくいくかを伝達者自身が確信していないのに、なぜそれを採用しないといけない？　レストランの料理がうまいかはっきりしないのなら、私ならほかに店に行こうとするだろう。エンジンを点検修理すべき時期かどうか整備士に確信がないのなら、彼の点検を受けないことにするだけでなく、もっと技術力のありそうな別の整備士を探そうとするだろう。

断っておくが、ヘッジを絶対に使ってはいけないと言っているのではない。使い方にもっと注意を払うべきだと言いたいのだ。

ヘッジはときに意図的に使える。本当に自信がない場合や結果が明確には読めない場合に、その不確実さをあらかじめ信号として発しておきたいときがある。この目的にとって、ヘッジは優れたツールになりうる。だが私たちは往々にして自覚なくヘッジを使っている。ふだんから文を修飾することに慣れきっているため、ついヘッジを挟んでしまうのだ。これはまちがっている。

人はよく、無意識のうちに「私が思いますに」「私の意見では」「私の見るところ」のような前置きから話を始める。文を修飾することに意義のある場合もあるが、そうした前置きは言おうとしていることに対する伝達者の主観を不必要にあらわにしてしまう。

「彼女は優秀な新人です」「われわれがこれを実行すべきだ」と言うのは、それ自体がすでに伝達者の意見だ。言っているのは私たち自身なのだ。だから、これから言うことは主観的な考えだと敢えて断りたいのなら別だが、「私が思いますに」「私の意見では」を前置きした文は通常、伝達内容の影響力を弱める。他者が同じ結論に至るかどうかに伝達者があまり自信をもっていないように見えるため、この人の意見を聞こう、リードについていこうとする気を萎えさせる。*

自信を伝えたければ、ヘッジを避けよう。**

ヘッジを置く代わりに、ドナルド・トランプのやり方を真似《まね》るのもひとつの方法だ。断定する語を使うのだ。

---

* 逆に、不確実さを示したい場合もある。そのようなときには適切なヘッジを使おう。たとえば、「これはうまくいき**そうです**」と言うよりも、「**私には**これがうまくいきそうだと**思えます**」と個人に限定して言ったほうが、確信の度合いが高く聞こえ、したがって相手に対する説得力が増す。不確実さのあることを承知したうえで、その有用性を認めているということになるからだ。

** ヘッジを置く場所も重要だ。最初に置く「私が**考えます**に、これがベストです」のほうが、文の最後に置く「これがベストだと、**私は考えます**」よりも自信を感じさせる。ヘッジを最初に置くことは、自分個人の意見であることを掲げてはいるが、その意見にかなり自信のあることを示唆する。最後にヘッジをつけると、それまで述べた主張から後退することになり、伝達の中身も伝達者自身も確信性が乏しい印象を与える。

断定表現の例

疑いなく	確約されている	はっきり
明らかに	反論の余地なく	問題なく
当然	絶対に	必須の
申し分のない	全員が	例外なく

「疑いなく」「明らかに」「当然」のようなことばは、わずかな疑いも挟まない。「それは**はっきりしている**」「その証拠には**反論の余地がない**」「その回答は**申し分のない**ものだ」「**全員が**それを承知している」「それは**確約**されている」「それは**まさに**現時点でわれわれが必要とするものだ」

断定表現が伝えるのは、不確実さがないことだけではない。物事が１１０％明白であることを示唆するのだ。話し手には自信があり、とるべき行動は自明であると伝える。この人についていきたい、この人が提案することならなんでもやってみたいという気持ちを聞き手のなかに醸成する。[5]

フィラー（ためらいの表現）を避ける

前節で述べたように、ヘッジの使用は伝達者を弱く、自信なげに見せ、有能でない印象を与えるが、さらに伝達者の影響力を弱める言語上の要素がある――フィラーだ。

リンジー・サミュエルスは自身のプレゼンテーションスタイルを向上させようと模索していた。営業担当役員を務める41歳の彼女は、毎週10件ものプレゼンテーションをこなしている。既存のクライアントをはじめ、見込み客、社内の同僚や経営陣など、相手はさまざまだ。だが自分が期待するほどのインパクトを与えられずにいた。進言を受け入れられたり、提案が採用されたりすることもときにはあるが、聞き手がそれまでのやり方を変えないことのほうがずっと多かった。サミュエルスの提案したやり方のほうが優れている場合でも、現状維持に固執するのだ。

彼女はもっと見込み客を顧客に変えたかったし、クライアントをもっと買う気にさせたかったし、プレゼンテーションのインパクトを高めたかった。そこで筆者は、彼女のコミュニケーションスキルの監査をおこなうことにした。うまくできているところと、改善の余地のあるところを切り分けた。

まず、彼女のプレゼンテーション資料をいくつか見せてもらった。だが、ざっと目を通したところでは、とくに問題は見つからなかった。スライドはわかりやすくまとめてあり、文言は具体的かつ簡潔、込み入ったアイデアを嚙《か》み砕いて説明するための比喩も的確に使っていた。スライド自体は頑健なつくりに見える。

内容に問題がないとすれば、もしかしたら伝え方に問題があるのかもしれない。そこで私は、サミュエルスがプレゼンテーションをしている様子を観察させてもらうことにした。新型コロナウイルス感染症が猛威を振るっていた時期だったので、対面ではなくオンラインのビデオ通話を介した。

1回目のビデオ通話から、どこかしっくりしない感じを受けた。アイデアそのものはよく練られているのだが、彼女のプレゼンテーションのやり方に有効性を損なう何かがあった。それがなんなのか私ははじめ指摘することができなかった。

録音した内容を私は何度も聴き返した。スライドが切り替わるたびに、それに合わせた彼女の声が入るのだが、私はやはりどこがまずいのかを指摘できずにいた。

そのころ、月例のソフトウェアアップデートの一環として、ビデオ通話会社が新しい機能をリリースした。データ送受信や画面操作などいくつかの改良のなかに、自動文字起こし機能も含まれていた。オンラインミーティングのたびに利用者は、映像と音声のほか、参加者が話した内容すべてを文字で受け取ることができる。

私は、この文字起こしが役に立つかもしれないと思い、自分のクライアントと共有するようになった。音声記録をすべて聴き直すよりも文字のほうがさっと内容を追うのに便利なので、ほとんどのクライアントはその新機能を喜んだが、サミュエルスはひどく驚いていた。「私は本当にこんな話し方をしているのですか？」と訊いてくるほどに。言っている意味がわからないと答えたところ、10分後、彼女のプレゼンテーションを文字化したものが送られてきた。彼女の発した「あー」「んー」「えー」のすべてが丸で囲んであった。そしてその数はじつに多かった。

文字化することで問題点が浮き彫りになった。

その後の数週間をかけ、彼女は自身のプレゼンテーションからフィラーを除く訓練をした。話す内容の精緻化に加え、質疑応答を事前に脚本化しておき、必要なときにはいったん話を止めて、一呼吸置いてから再び戻るように何度も練習した。

この作業には大きな効果があった。フィラーの「あー」「んー」「ええと、そうですね」「といいますか」などが少なくなり、彼女の語り口はシャープになった。成果の例を挙げると、翌月には、見込み客の3分の1以上を顧客に変えることができた。フィラーを省いたことで、サミュエルスはより優秀な伝達者に変身した。

私たちのほとんどは、話すたびに「あー」「んー」「えー」を幾度となく発している。頭のなかで考えをまとめたり、次に何を言うかを選んだりするときに頻繁に使う口癖のようなものだ。つい、寄りかかってしまう杖《つえ》でもある。使うことに意味がある場合もたまにはあるが、使いすぎると、言おうとしている内容がなんであれ、その価値を弱めるおそれがある[*]。

誰かが重要なプレゼンテーションをこう始めたとしよう。「私は……あー……思いますに、私が……んー……いまからお話しすることは……えー……今後を左右する重要なカギです」。これを聞いて、伝達者が何を言おうとしていると想像するだろうか。彼らは明晰《めいせき》で落ち着いているように見えるだろうか、それとも不安げで準備不足に見えるだろうか。彼らの提案にどのくらい納得できるだろうか。彼らの提案に従うだろうか。

おそらく、従う気にはならないだろう。実際、フィラーはヘッジよりもさらに有害であることが研究からわかっている。伝達者の力強さや権威を損ない、伝達を妨げるのだ。[6]頻繁に「あー」「んー」「えー」を口にすると、話している内容を実際にはよくわかっていない、この分野の門外漢だという印象を与える。

人がためらいを見せるかどうかは、その人の肩書きや属性よりも、伝達力に影響を与えうる。これをテーマにした研究がある。講師の開講時の挨拶を複数種類、用意してテープに収め、学生に聞かせた。[7]研究の主催者は、ことばがどのように印象を形成するかを調べたかったので、一部の学生には、挨拶のなかで「あー」「んー」「えー」が5~7回ほど出現する、フィラーが交じったテープを聞かせ、残りの学生には一度も出現しないテープを聞かせた。話す内容はどちらのテープも同一だった。

さらにその研究では、話し手が何を言ったかだけでなく、話し手の属性にも調整が施されていた。一部の学生には話し手が比較的高いステータスの人物（教授）であると伝え、別の学生には、話し手が学生指導助手であると伝えたのだ。

誰かのアイデアを聞くとき、私たちはその人物のステータスをかなり意識する傾向がある。たとえば会議の出席者は、上席者の発言は一般社員のそれよりも注意深く聞こうとする。同じ意見でもステータスの高い人が言うと、インパクトが大きくなりやすい。

それは部分的には正しい。たしかにステータスは重要だ――ときには。学生たちが、いま聞いているのは高いステータスにある人物の発言だと思う場合には、その人物がより有能で力強いプレゼンターに感じられる。

だがステータスよりも、話し手がどんなふうに何を言ったかのほうがずっと重要だ。ためらいは話し手のイメージを損なう。聡明さも博識さも充分でなく、その立場に適格でないように

＊「なんか」「ほら」「ええと」「さて」「というわけで」などにも同様の作用がある。

思われてしまう。専門知識が低いと見なされ、話し手の肩書きがどうであれ、実際よりもステータスの低い人物だと受け止められるのだ。

その研究結果によると、「ステータスは低いがためらいがない」話し手のほうが、「ステータスは高いがためらいがある」話し手よりも肯定的に評価された。スタイルがステータスに勝ったのだ。

だから、ためらいを見せてはいけない。むろん、たまに「あー」「んー」を挟んだからといって世界が終わるわけではない。いま考えをまとめている、言うべきことをまだ言い終えていないという合図の役割を果たすこともある。

それでも、多すぎるフィラーは私たちの伝達力をむしばむ。断定できるほどの自信がないと見なされ、その自信のなさが、私たちや私たちの意見そのものへの信頼を低めるのだ*。

私たちは、会話の間《ま》を埋める《フィル》ためにフィラーを使いすぎている。何を言いたいのかわからないうちに話し始めるので、次に何を言うべきかを考えるあいだに、「あー」や「んー」を挟まなければならなくなってしまう。これらが「埋めるもの《フィラー》」と呼ばれるようになったのはこうした経緯があるからだ。

だが話し始めるまえに間を置くことで、その必要性を減らすことができる。言うべきことをあらかじめ整理して話し始めれば、ためらわずに済み、より有能な印象を与えられる。

いったん話を休止することには別の利点もある。私と研究チームが実施した調査では、休止には話し手がより肯定的に受け止められる効果のあることが判明した。聞き手に、話し手の言ったことを咀嚼《そしゃく》する時間を与えるだけでなく、同意を表す短いサイン（「そうそう」「ふむふむ」「なるほど」など）をつぶやきやすくするため、話し手への好感度が全体的に増すのだ。

つまり、「あー」「んー」を言うくらいなら、むしろ少しのあいだ話を休止するほうが望ましい。話し手である私たちがより肯定的に評価され、提案が受け入れられる可能性も高まる。

ここまで見てきたように、ヘッジとフィラーに関する研究からひとつの推測が導かれる。重要なプレゼンテーションが控えている、セールストークを成功させたい、そんなときには、自信がないサインと受け取られかねないことばや言い回しや身振りを避け、確信を伝えられることばで置き換えよう。

誰かが、「この解決策を**当然**選ぶべきだ、結果は**はっきりしている**」と言うときには、話し

＊ いわゆる付加疑問文（「きょうは寒い、ですよね？」）にも同様の作用がある。文を疑問文に変えることは、話し手が自分の意見に確信をもっていないことを示唆し、ひいては話し手の説得力を減じる。

手の自信が表れている。たんに意見を述べているのではなく、世界についての真実を共有しようとしているのだと聞き手に感じさせる。その結果、聞いた人はその意見に従う可能性が高くなる。

過去形ではなく現在形を使う

自信をもって話すための方法はほかにもある。

人は自分の思ったことをいつも誰かに話している。気に入っている商品、嫌いな映画、楽しかったバカンスなどなど。新しい掃除機の調子がいいとか、映画が退屈だったとか、浜辺で見る夕陽《ゆうひ》がいちばん美しいとかを話す人もいるだろう。

そのような情報を聞いた私たちは、名詞と形容詞と副詞にフォーカスすることが多い。掃除機が床のほこりをきれいにするのかどうか、映画がおもしろかったのかどうか、バカンスに行く価値があったのかどうかに意識を集中する。

だが、名詞、形容詞、副詞以外にも、聞き手の注目を集めやすいテクニックがある——動詞の時制だ。

動詞はコミュニケーションに欠かせない。名詞は、「何について」あるいは「誰について」

話しているのかを表し、動詞は、名詞の状態あるいはその動作を伝えようとする。人が歩く。メールが送られる。アイデアを共有する。動詞には、発言内の主語に特定の態度や特定の動きをとらせるのを助ける働きがある。動詞がなければ、コミュニケーションは、人や場所、物を指差すだけの意味の薄いものになる。

動詞の変化のひとつに、時制、すなわちその動きが起こった時間のちがいがある。たとえば、誰かがテストに備えて「勉強した」と言ったのなら、その動作は過去に起こったことを示す。「勉強する」という動作がいまの時点よりもまえに起こったということだ。

同じ動作は現在にも起こりうる。誰かがテストに備えて「勉強している」と言うのなら、いまそうしていることを示す。動詞の時制を選ぶことで、伝達者は何について話しているかだけでなく、その動作がいつのものかも表すことができる。

時制は、誰かが勉強したのか、いままさに勉強しているのか、将来勉強することになるのかを伝える。同様に、プロジェクトが終了したのか、終了しつつあるのか、将来のどこかの時点で終了する見込みなのか、ということも伝えることができる。

多くの場合、時制は状況によって決まる。まだ勉強を始めていない人は「勉強した」とは言えない（嘘をついている場合は別として）。プロジェクトがすでに完了しているのなら、将来のどこかの時点で終了する「見込み」とはふつう言わない。

だが、意図的に時制を選べる場合もある。たとえば就職希望者を面接したあとに、ある候補者について、「あの人はいいね」と言うこともできるし、「あの人はよかったね」と言うこともできる。新しい掃除機を説明するのに、その掃除機を使うと「きれいになる」と言うことも「きれいになった」と言うこともできる。バカンスを過ごした場所について、あのビーチは「すばらしい」と言うことも「すばらしかった」と言うこともできる。

同僚グラント・パッカードと私は、動詞の時制を変えることが説得力に影響を与えるのか、誰かが何かを言うときに、たとえば現在形のほうが過去形よりも相手を説得しやすいと言えるのかを判別したいと考えた[*]。

説得力の度合いを測るため、筆者チームは100万件を超えるオンラインレビューを分析した。多くの人が毎日、商品やサービスについて意見を投稿している、あれだ。

レビューごとに、レビュアーが過去形と現在形を使った回数を数え、その回数とレビューへの高評価とのあいだの関係を調べた。商品やサービスがなんであれ、そのレビューが参考になったというボタンがどれだけ押されたか、実際に購入する気になったのかどうかを。

まずは書籍から始めた。書籍についたアマゾンの数十万件のレビューを分析したところ、現在形で書かれたレビューのほうに強い影響力のあることがわかった。ある本を「**おもしろい**」と表現するほうが「**おもしろかった**」とするよりも、また、プロットが「優れて**いる**」と表現するほうが「優れて**いた**」とするよりも、読んだ人がそのレビューを役に立ったと感じる度合いが大きかったのだ。

これは興味深い現象だが、要因が商品カテゴリ（いまの例では書籍）にあるかもしれないという見方もできる。たとえば、ほとんどの人にとって同じ本を読むのは一度だけなので、本のレビューは過去形になりがちであり、だからこそ現在形に意外性があるのかもしれない。

この点を見きわめるため、複数回消費されることの多い「音楽」という商品カテゴリを分析してみることにした。ほとんどの人は、楽曲やアルバムを二度以上聴くため、レビューには現在形が出現しやすい。

ところが、音楽のカテゴリでも同じ結果だった。音楽のレビューのなかで、動詞の現在形を多く使っているものほど、他者に購買を促す説得力が強かったのだ。

書籍と音楽以外のさまざまなカテゴリの商品（たとえば、家電品）やサービス（たとえば、レストラン）に範囲を広げてみても、同じパターンが現れた。何についてのレビューであっても、現在形のほうに強い影響力があった。この歌は「すごく**よかった**」よりも「すごく**いい**」

＊ 英語という言語では、動詞そのものには未来形はなく、現時点よりあと（将来）に何かが起こることを伝えるには、「will」などの助動詞を既存の動詞に付加する。このため、本書では現在形と過去形にフォーカスして述べる。

のほうが、このプリンターは「印刷品質が**よかった**」よりも「印刷品質が**いい**」のほうが、このレストランのタコスは「**うまかった**」よりも「**うまい**」のほうが、それぞれ多くの人にレビューが有益で参考になり、説得力があると受け止められたのだ。ビーチの雰囲気が「**最高だった**」よりも「**最高だ**」と言われるほうが、そこへバカンスに出かけたい気持ちが強くなる。

これは、説得力やヘッジ、フィラーについてこれまで述べてきたことと関係がある。過去形は、ある特定の時点で何かがその状態にあったことを示唆する。「その応募者は聡明な人物**だった**」「そのソリューションはうまく**いった**」とすると、前者の例では、話し手である採用担当者が、きのうの面接時点で応募者が聡明だったと考えたことを表し、後者の例では、先週実装した時点でソリューションが良好に稼動したことを表している。

さらに、個人の経験は主観的なのがあたりまえであり、過去形を使うことは、レビューの内容が個人の経験、すなわち主観的なものだと言っていることにつながる。だから、あの本は「**おもしろかった**」のように過去形で言うことは、レビュアーがその本を読んだり、その特定の何かを体験したときの、特定の一個人が感じた意見であることを暗に伝えているのだ。したがって、過去形からは主観性と一時性を感じ取られやすい。過去形の意見は、特定の個人の、特定の時点での体験がもとになっているからだ。

対照的に、現在形からは一般性（客観性）と持続性が示唆される。何かが「うまく**動作す**

る」と言うと、それが過去の時点で「うまく**動作した**」だけでなく、現在もうまく動作し、未来でもうまく動作しているであろうことを暗示する。何かが「その責務を**果たす**」と言うことは、その何かが過去にその責務を果たしただけでなく、将来にわたってその責務を何度も果たしていくことをうかがわせる。特定の人物や特定の経験から発せられた主観的で一時的な意見ではなく、もっと安定した判断であることを伝える。人や時間の枠を超えて、いまもそして未来においても真実でありつづけることを伝える。ひとりの人物が過去に経験しただけでなく、ほかの人たちも将来似た経験をするだろうということを伝えるのだ。*

何かが普遍的な特性のように聞こえるとするなら、一時的な特性よりも、おそらくそのインパクトは強まる。レストランの料理が「**うまかった**」、ホテルのサービスが「**よかった**」と過去形で言われた場合でも、興味が湧いて検索してみる気になることはあるだろうが、料理が「**うまい**」、サービスが「**いい**」と聞いたら、根本的に質がいいと感じる。そのため、聞いた人は実際に行ってみようという気持ちになりやすいのだ。

* これは、第1章の名詞対動詞の比較に関連する。誰かが「走る」と言うよりもその人を「ランナー」と呼ぶほうが、永続性や安定性の備わった、より根本的な状態であることを示唆する。同じことが現在形にも当てはまる。それは「**いいものだった**」と言うよりも、それは「**いい**」と言うほうが、言及している対象に高い品質が内在されているという含みがある。

別の言い方をすれば、現在形を使うと、話し手は自分の意見を言っているというよりも、確度の高い事柄を伝達しているという印象を与える。

患者に対し、「この治療法の成功率は90％**です**」と言うほうが、「90％**でした**」と言うよりも、また、「この薬はコレステロールを**下げます**」と言うほうが、「**下げました**」と言うよりも、聞き手はより前向きに検討しようという気になる。「この食事療法は減量に効果が**あります**」と言われるほうが、「効果が**ありました**」と言われるよりもダイエッターは試してみる気になりやすい。また、「これはモータートレンド誌のカー・オブ・ザ・イヤーの車**です**」と言われるほうが、「カー・オブ・ザ・イヤーの車**でした**」と言われるよりも、消費者の購買意欲は高くなる。

自身の影響力を強めたいときには、たとえばビッグ・プロジェクトの結果についてプレゼンテーションするのなら、「このような効果が**ありました**」ではなく「このような効果が**出ています**」と言おう。利用者が何かを「こんなふうに**利用した**」ではなく、「こんなふうに**利用している**」と表現しよう。レストランの料理が「**極上**」と言うほうが、「**極上だった**」というより、来店客を増やす効果があるのと同じだ。

過去形を現在形に変えることで、言いたいことが相手に伝わる可能性が高まる。

自信のなさは武器になる

　ここまで、自信を示すための方法を紹介してきた。ここで注意してほしいのは、用心深い態度がむしろ効果的な場合もあるということだ。

　感謝祭は特別な日だ。国のあちこちから集まってきた家族や知人がともに時を過ごす。食卓を囲み、この1年に起こった恵みのすべてに感謝を捧《ささ》げる。

だが、おごそかな習わしや華やかなパレード、七面鳥料理のなかにあって、近ごろの感謝祭には不協和音の気配がある。アメリカ人は過去にないほど政治的に分極化した。ふだんは意見を同じくする人の輪のなかにいるので気づきにくいが、感謝祭で親戚や知人などおおぜいの人と集うということは、その輪の外に投げ出されることを意味する。

　多くの家族は政治的な話を避けようとするものだが、それでも、誰かが口火を切ってしまうことはある。失業し、給付金を受け取るのに苦労していて、いまの経済に腹を立てているかもしれない。彼らが問題の原因として責めるのは、自分が問題の原因と考える人物とはまったくちがうかもしれない。穏やかに始まった会話も、またたくうちに激しい口論になりかねない。

　激高するルイおじさんと居間でどなり合うのではなく、もっと文明社会の大人らしい話し合いはできないものか？　そして他者の気持ちを少しでも変える方法はないものだろうか？

数年前、カーネギーメロン大学の研究者が、意見の分かれそうなテーマについて数百人で議論するワークショップを開催した。[8] 妊娠中絶は合法か否か、大学の入学選考でマイノリティー優遇措置《アファーマティブ・アクション》を適用すべきか否か、滞在許可証をもたない移民でも一定の要件を満たせば合法的にアメリカにいつづけられるようにすべきか否か。人によって激しく意見が分かれそうなテーマばかりだった。

一部の参加者は、ほかの人たちの意見を変えられるような説得力のあるメッセージを書くように依頼されていた（彼らを「説得者」と呼ぶことにする）。たとえば妊娠中絶の問題では、合法化反対側に立つある説得者は、「女性を中絶に追い込む要因はさまざまに考えられる」「妊娠中絶は生命を奪うことであるから、人が下しうる決断のなかでとくに重いもののひとつだろう」と書いた。

説得者以外の人たち（彼らを「被説得者」と呼ぶことにする）はただ聞くように指示されていた。被説得者は、ワークショップが始まるまえの自分の意見（たとえば、中絶容認派か反対派かなど）と、説得者が書いたメッセージを読んだあとで意見が変わったかどうかを記録した。

ここで重要なのは、被説得者の一部は、説得者のメッセージのまえに、説得者が自分の意見に疑問を呈する短いメモを読んだことだ。そこには、自分（説得者）はその問題について慎重に考えてきたつもりだが、自分が正しいと完全に確信しているわけではない、と書かれていた。

確信性がつねに説得力を高めるのだとしたら、このような内なる疑念の表明は説得力を減じる結果になるはずだ。自分が正しいと確信していない説得者からは説得されにくいはずだからだ。

ところがこのワークショップでは、まったく逆のことが起こった。意見が二分されそうな問題について内なる疑念を表明すると、実際には説得力が増したのだ。とくに、すでに強い信念をもっていた被説得者は、自分の意見を確信しきれていない誰かの別の意見を聞くと、むしろその意見のほうへと傾く傾向が見られた。

自分とは異なる意見をもつ人を翻意させようとするとき、私たちは真正面から説得するのが最善だと思いがちだ。事実を提示し、公平な情報を並べれば、相手もこちらの考えに歩み寄ってくれると期待する。

だが、みながみな、「事実」を同じように解釈するとはかぎらない。人は何かに対して強い思い入れがある場合にはとくに、それをだいじに思うあまり、信念を脅かしたり、盾突いてきたりするような情報は避けたり、無視したりすることがよくある。

だからこそ、相手を説得しようとするときに直接的な物言いをしすぎると、相手がいっそう自分の意見に固執する可能性があるのだ。ワークショップでも実際に、説得するだけのメッセージは、説得力を発揮するどころか、被説得者の多くの意見を反対方向へと導いてしまった。

説得というものは、ふたつの段階に分けて考えることができる。あとの段階では、他者の意見や提示された情報を検討し、自分の考えを修正するかどうかを決める。だがそこに至るまえにまず、自分が他者の意見に対してどの程度の受容性をもてるかを決める第一の段階がある。そもそも、他者の意見を聞く気があるのかどうか。

誰かが自分を説得しようと向かってくると、反説得レーダーや防衛システムが作動する。誰か、あるいは何かが自分の意見に同調しなければしないほど、私たちはその意見を聞こうとしなくなる。つまり、人の意見を変えさせるのがむずかしいのは、人は自分の考えとちがう情報はそもそも検討の場に乗せようとすら思わないからだ。

このため、反対意見をもつ人に対応しなければならない状況では、直接的すぎない言い方のほうがむしろ効果的な場合が多い。説得の材料として情報を突きつけるのではなく、相手の心を解きほぐして、他者の意見を受け取りやすい状態にするところから始めるのだ。

だからこそ内なる疑念を表明することに意味がある。自身の考えに葛藤があって確信しきれていないとさらけ出すことには、当人の威信を下げかねないというリスクを伴う。だが同時に、他者の意見にも価値を認めることであり、そうすると他者は自分の意見の妥当性を評価されたと感じ、むしろほかの意見を聞く気になる。複雑で細かい配慮が必要な問題であることを認め合ったからこそ、ほかの意見を受け入れる気持ちが増すのだ。

　自身の考えを確信しきれない状況は、他者の見解も拒絶せずにオープンに接することの表れだ。[9]このため、対立の起きやすいテーマで、多くの人が自分の意見に固執している場合にはとくに、わずかな疑念の表明によって実際には説得力を増すことができる。

　たとえば大衆紙の科学欄は、何かの研究の成果が実際よりも確実性の高いものとして扱われることがよくある。コーヒーを飲むと膵臓《すいぞう》ガンの罹患《りかん》率が高くなるとか、短時間の激しい運動のほうが長時間の運動よりも効果的だ、などと断定した記事を第一面で見かけることすらある。だがこの類いの記事は見出しとしてはキャッチーだが、数カ月か数年経ったあとに、まったく逆の内容の記事で置き換えられることが少なくない。これでは、読者を混乱させるだけでなく、科学そのものへの信頼が失われてしまう。あいまいな表現は、科学者とジャーナリスト双方の信頼を低下させると主張する人もいるが、けっしてそうではない。研究には限界のあることを認め、それを伝えることで、読者はむしろ、より信頼できると思うようになる。[10]

　何かが確実ではないとわかっている人が、確信しているふりをすることは逆効果になりかねない。自信過剰や非現実的と思われて、説得力をむしろ減らしてしまうのだ。

だから、敢えて確信のなさを示すべきときもあると憶《おぼ》えておきたい。その一例として、平叙文を疑問文に変えるのは、フィードバックを得やすくするよい方法だ。独善的に意見を押しつけるのではなく、他者の意見や、思考プロセスへの参加を積極的に求めていることの表明だからだ。もちろん私たちは自分の意見をもっているが、それでも他者の発言にも耳を傾けたいと考えている。

同じことがヘッジやその他のあいまい表現にも当てはまる。「かもしれない」「ありうる」「ひょっとしたら」のようなことばには、あいまいで漠然とした感じが交じっている。新人の情報アナリストは、誤解を招くおそれがあるという理由で、こうしたことばを使わないように訓練される。

だが、これらのことばの不確かさは必ずしも悪いことではない。とくに、確実にわかっていることを逸脱しないように注意深い態度で臨んでいる場合には、その意義が大きくなる。たとえば、「研究結果から、XがYを引き起こす原因であることが**判明した**」ではなく、「XがYを引き起こす原因であることが**推察される**」、と記述すれば、XとYのあいだに関係はあるかもしれないが100％確実とまでは言い切れないことを表す。断定したくない状況においては、何かを伝えるときのあいまい表現はじつに効果的だ。

第2章のまとめ

ことばは、たんに事実や意見を伝えるだけではない。表現している内容に伝達者がどのくらいの確信をもっているかのシグナルも発信する。だからこそ、ことばの使い方によって、受け止められ方や発言の影響力が左右される。

1 ぼかした表現は使わない

自信をもって説得したい場合には、「〜かもしれない」「ありうる」「私の意見では」のような、自分自身や伝達する内容に確実性がないとうかがわせる表現（ヘッジ）を避けよう。

2 断定して自信を見せる

「疑いなく」「明らかに」「当然」のようなことばは、伝達する内容がたんなる意見ではなく、反論の余地のない真実であることを匂わせる効果がある。

3 ためらいを見せない

スピーチに「あー」や「んー」のようなフィラーが交じるのは自然な現象だが、多すぎると、伝達者に自信がないように見える。前もって何を言うかを計画し、考えをまとめる必要があるときにはむしろ休止を入れながら話そう。

4 過去形ではなく現在形を使う

過去形での評価は一時的な価値を、現在形での評価は永続的な価値を表している印象を与える。説得力を増すために、現在形を使ってみよう。

5 確信のなさもときに利用する

通常は、伝達する内容に確信のあることを示すほうが効果的だが、ときには、反対意見を寛容に受け入れる用意があり、立場の微妙なちがいを理解していることを示すほうが有効な場合がある。内なる疑念を示すことが好結果につながるケースも知っておこう。

「自信」を伝えることばを活用すれば、こちらの専門知識や寛容さを示すことができ、説得力を強められる。

次に、ことばの力の3つめのカテゴリ――「質問」の力を検証しよう。

第3章

「質問」巧者こそ、望みの結果を引き出せる

解決できそうにない課題に遭遇したり、DIYの組み立てを始めてはみたものの予想以上にむずかしかったりしたときに、私たちはなんとか抜け出す方法を探そうとする。ネットで打開策を探したり、ブレーンストーミングをつうじて別の方法を考えたり、うまくいくことを念じながら試行錯誤を重ねたりするだろう。

解決する方法のひとつでありながら敬遠されがちなのは、ほかの誰かに助言を求めることだ。同僚に尋ねたり、友人に電話をしたりして助けてもらうことができるはずだが、私たちはどうもそれは苦手なようだ。相手を煩わせたくないし、彼らに解決できるかどうかはわからないし、仮に助けてもらえたとしても、自分が低く見られるのではないかと心配なのだ。自分が

無能だと思われるのがいやで、はじめから他者に助けを求めようとしない。

この感覚は正しいのだろうか？

2015年、ペンシルベニア大学ウォートン校の私の同僚ふたりと、ハーバード大学の行動科学者が、参加者に脳トレの問題集を解かせる実験をおこなった。[1]「アメリカの初代大統領は誰？」という簡単な問い（答え：ジョージ・ワシントン）から、「〝セスクィペデイリアン〟の定義は？」というかなりむずかしいもの（答え：長々しい語を使いたがる傾向）まで、さまざまな難易度の問題が用意された。

実験の主催者が参加者に告げたのは、コミュニケーションによる問題解決の進み方のちがいを見るのが実験の目的であること、どの参加者も会場にいる別の参加者とペアになっているということだった。各参加者が脳トレの一部を解き、あとでパートナーが同じ脳トレを解くことになっていると。

脳トレの最初のセットを解き終わったあと、各参加者は、当人はそこそこできた（10問中7問正解）が、パートナーはそれほどできなかった（10問中6問正解）と知らされる。そのときにパートナーからメモが届く。挨拶だけのもの（「どうぞよろしく」）、連帯のことばが足されているもの（「どうぞよろしく。一緒にがんばりましょう」）、末尾に質問が添えられているもの（「どうぞよろしく。私に何かアドバイスをもらえませんか？」）があった。

実際には「パートナー」は存在していなかった。主催者たちが探究したかったのは、助言を求められたときの人の受け止め方だった。助言を求められれば、世間話をするときよりも、相手をより肯定的に見るだろうか、より否定的に見るだろうか。そこで、参加者を架空の相手とペアにさせたと見せかけ、「パートナー」の書いたメモをつうじて、「助言を求めてきたパートナー」への見方を調査した。

「パートナー」からのメモを受け取ったあと、参加者は、さまざまな点から「パートナー」を評価するように指示された――どのくらい優秀だと思うか、頭の回転が速いか、知識が豊富かなどについて。

もし、助言を求めるのは能力が低いせいだと見なすとすれば、参加者は「パートナー」を低く評価するはずだ。助言を求めてきた「パートナー」は、他者に依存している存在、あるいは劣っている存在だと映るはずだ。

だが逆だった。

主催者が結果を分析したところ、助言を求められることで、人は相手の能力を低く見るのではなく、むしろ「より高く」見ることが判明した。これは、助言を求めるという行動が人に与える感情とおおいに関係がある。

人は、自分は頭がいいと感じるのが好きだ。知的だと思われたいし、有益な助言ができる人物だと思われたい。

だから、他者から助言を求められるということは、当人（助言する側）の自尊心がくすぐられ、賢くなった感覚を得られるということなのだ。人に助言を乞うと自分が無能に見えるのではないかと心配するかもしれないが、実際には助言する側はまったくちがう結論を導き出す――「もちろん、おれの考えはすごい。それを訊いてくるこいつもなかなかのものだ*」

助言を求めることには、「おだて」に近い面がある。人に好かれたいとき、私たちはよく相手をおだてようとする。

だが、人はおだてられることに悪い気はしないが、それを言ってくる人をいつも信用しているわけではない。「おだて」には下心のあることに気づいている。そのため、逆効果になることがある。

一方、助言を求めることは、あからさまさが薄れる分、より効果が高い。「あなたは頭がいいですね」と言うよりも助言を求めることのほうが相手を尊敬している気持ちが伝わる。あなたがその人を賢いと思っていて、その人の意見をたいせつにしていることがそこに表れる。

助言を求めれば、実際に貴重な気づきが得られるだけでなく、よりよい印象を相手に与えられる。助言する側は、自分は有能だと自信を深め、同時に相手を好意的にとらえるのだ。

戦略的に質問する

助言を求めることは、「質問をする」という、はるかに広い言語的カテゴリのひとつの用例に過ぎない。

職場でも家庭でも、私たちはつねに質問を投げかけ、質問に答えている。どの解決策がよいだろうか？　どのくらい費用がかかる？　ひとりが質問したり答えたりする回数は1日で数百回にのぼるとする推計もある。

質問にはさまざまな機能がある。情報を集めたり、好奇心を満たしたりするだけでなく、質問者が人からどう見られるかに影響したり、会話の流れを変えたり、当事者同士の社会的つながりを強めたり弱めたりすることもある。

どのような社会的つながりにおいても、質問する内容は無限に湧いてきそうだ。「どんな仕事をしているの？」「趣味は何？」「朝食に何を食べましたか？」

---

* ただし、どんな戦略にも境界条件がある。助言する側がまったく知らない分野や、本来自力で解決できるはずのことについてまで訊いてこられると、かえって逆効果になることがある。

社会的つながりを強めたり、質問者をよく見せたりする好ましい質問もあるが、逆に、あまり有益とは思えない質問もある。相手を困惑させる質問や押しつけがましい質問がそうで、これをされた相手は質問者とはあまりつき合いたくないと感じるかもしれない。

ある種の質問が他の質問より効果的だとしたら、それをどうやって見きわめればいいだろうか。有効な戦略を見ていこう。

モテる質問力

良好な人間関係を築くという点に関して長年ささやかれてきたのは、性格と見た目が物を言うということだ。人を笑わせるのがうまい、カリスマ性がある、格好いいなどの個人の資質は、その人の好感度を高くする。

良好な人間関係のカギとしてはもうひとつ、人の類似性も挙げられる。「同じ羽毛の鳥は1カ所に集まる（類は友を呼ぶ）」とよく言われるとおり、共通の趣味をもっていたり属性が似ていたりする人同士はより多く話したり、より濃い会話を交わしたりする。

だが、人間関係のこうしたコツを聞いてちょっと残念な気持ちになるのは、その場でどうこうできるものではないからだ。背の高さは決まっているし、性格だって簡単には変えられない。ブロックチェーンやストア派哲学の専門家集団に溶け込もうとそれらのテーマを学び始めることはできても、習得するのは並大抵のことではない。

飛び抜けて魅力的でなく、これといった強みもない場合は、人間関係に失敗する運命にあるのだろうか。それとも、何かいい方法があるのだろうか。

スタンフォード大学とカリフォルニア大学サンタバーバラ校の研究者が、第一印象を決める要因を探るため、数千人分の初デートの結果を分析した。[2] 年齢をはじめ、身長・体重などの身体的特徴、趣味や関心事などの属性を収集し、さらに、デート時の会話そのものも集めた。マイクを使って、デート中のふたりの会話を録音したのだ。

当然ながら、外見は重要な役割を担っていた。たとえば、女性は平均より背の高い男性に惹かれやすい。また、類似性も重要だった。同じような趣味や関心事をもつ人とは、次のデートへ進む可能性が高かった。

だがこのような、その場では変えられない固定的な要素だけでなく、会話時に使うことばも大きな影響を及ぼしていた。質問することで第一印象がよくなっていたのだ。質問し、答えるというかかわりのなかで、ふたりは気が合うと感じ、2回目のデートを真面目に考えるようになっていく。[3]

似たようなことはさまざまな場所で見られる。たとえば、初対面同士が互いを知るために交わす日常的な会話では、質問を多くする人はより好感をもたれ、一緒にいて楽しいと思われやすい。医師と患者の関係では、医師が患者の生活や経験についてより多くの質問をすることで、患者の満足感が高まる。[4]

さらに分析を続けたところ、質問のなかにもより効果の高いものがあることがわかった。架空の「パートナー」から助言を求められる実験が示唆していたように、質問をすることは、私たちが誰かの視点に関心をもっていることの表れである。相手とその考えに強い関心があり、もっと知りたいと考えているということだ。同様に、デート中や日常会話でも、質問するという行為は、相手のことや相手の話すことに興味があると示す。

したがって、質問の効果の度合いは、ひとつにはその質問が示す相手への思いやりと関心の強さによって決まる。

「お元気でしたか？」のような前置き的な質問は、日常会話のなかでほぼ反射的に使われるものなので、話し手が相手に本当に興味をもっているのか、たんに礼儀正しく挨拶しただけなのかを切り分けることはむずかしい。

いわゆるミラー・クエスチョン（言われたことをオウム返しにする質問）にも似たところがある。「ランチに何を食べた？」と訊かれたとき、私たちは「ルーベン・サンドウィッチだよ。

きみは？」のように、答えのあとに質問を足すことがよくある。「ルーベン・サンドウィッチだよ」だけ答えて終わる場合と比べ、質問を足すということは、相手になんらかの関心があることを意味する。完全に自己中心的になるのではなく、相手の存在を意識し、興味をもっているからこそ、質問を返すという行動に出たわけだ。とはいえ、同じ質問を返すのには労力を必要としないため、人間関係上のメリットはたいして期待できない。前置き的な質問と同じで、相手に本当に興味をもっているのか、礼儀正しくそう返しただけなのかを切り分けるのはむずかしい。

質問のなかには、むしろ有害になるものもある。誰かが「1週間休みをとって山に行く」と言ったときに、「好きな映画は何？」と返すのは、話の流れを断絶させている。最初の話し手が言ったことと無関係の話題をもち出していて、連続性がない。相手への気遣いや関心を示すどころか、正反対のことを示唆している——あなたの話なんて聞いてない、聞いても退屈だし興味もないから、さっさと話題を変えたいんだ、と。当然ながら、このような質問者はよい印象をもたれず、何も質問しなかったときよりも悪い結果を招くおそれがある。

一方、よい質問とはいま言われたことをフォローアップするものだ。たとえば、「私は食べることが大好きでしてね」と言われたら、「どんな食べ物がお好きですか？」と訊いてみる。新プロジェクトがうまくいっていないと悩む人がいたら、なぜそう思うのかを尋ねてみる。週末が待ち遠しいと言う人には、何が楽しみなのかを訊く。

フォローアップ質問は、会話の相手からさらに詳しい説明を引き出そうとする。もっと多く、もっと詳しく、もっと奥深い説明を促すのだ。

相手が友人であれ、通りすがりの人であれ、顧客や同僚であれ、フォローアップ質問をする人は、よりポジティブに受け取られる。研究者がデートの会話を分析した結果でも、フォローアップ質問はポジティブな印象を与えるのにとくに有効であることが判明している。フォローアップ質問が多い人ほど、2回目のデートに誘われる可能性が高かった。

フォローアップが有効なのは、その人が高い反応力をもっていることのシグナルになるからだ。礼儀としての質問や、話題を変えるための質問ではなく、相手の話をちゃんと聞き、理解し、さらに深く知りたいと思っていることを相手に伝えるからだ。

自分のことを好きになってほしい？　相手の話を聞き、気にかけていることをわかってほしい？　もしそうなら、ただ質問するのではなく、適切な質問をしよう。

フォローアップ質問は、相手と自分とのあいだにつながりが存在することを示す。会話の内容に興味があり、相手の言った内容を把握し、さらに深く知りたいと思っていることを伝える。話に耳を傾け、もっと知りたいと質問するほど、相手をたいせつに思っているということだ。

質問返しのテクニック

フォローアップ質問は有効だが、ほかのタイプの質問のほうが効果的な状況もある。ぜひともゲットしたい仕事の面接が控えていると想像してほしい。あなたは新しい挑戦を求めていて、この機会はまさにうってつけに見える。競争力のある会社、すばらしいポジション、そして昇進への透明な道筋。

面接は順調に進んだ。面接官にも気に入られたようだったが、途中で試練が訪れる。あなたの過去の経験や、その仕事で発揮できるスキルについて訊かれたあと、前職での給料の額を質問されたのだ。

答えるのがむずかしいこのような質問はよくある。値段交渉中に潜在的買い手はよく「いくらまでなら出すか」と訊かれる。車を売ろうとする人は、その車の修理歴をよく訊かれる。また、就職の面接では、前職を辞めた理由、他社からもオファーが来ているかどうか、子どもをもうける予定はあるかなどを訊かれることが少なくない。

回答不能、と言いたくなる状況だ。不快だし、場合によっては質問自体が違法なのだが、それでも訊かれたほうは逃げ場がないような気にさせられる。

私たちには正直に答えるという本能がある。つい、率直に、隠さず真実を述べようとしてしまう。

だがそれには多くの場合、犠牲が伴う。たとえば値段交渉の場では、心に決めていた限度額を明かすとそこにつけ込まれるおそれがある。就職の面接でも、以前の報酬や退職理由、子どもをもうける意思などを正直に話した人は、低い報酬を提示されたり、不採用になったりするかもしれない。

正直に答えることで不利になることはよくあるが、だからといって、ほかに何かいい方法があるだろうか。

回答拒否は名案とは言えない。回答を拒否すれば、当然ながら相手からよくは思われない。さらに、個人の秘密を明かしたくないから回答を控えた場合、自分が意図した以上のことを勘繰られることがよくある。前職を辞めた理由を訊かれ、答えたくありませんと言ったとしたら、隠したいネガティブな事情があるのだと面接官に思われる。

嘘もいい方法ではない。重要な情報を省いたり、まったくの嘘をついたりすることもできなくはないが、ごまかしは不誠実であり、発覚した場合に困ったことになる。

要するに、答えにくい質問が直球で放たれると、正直に答える以外に現実的な選択肢がないと感じる場面は多いのだ。

そこで、ウォートン校の同僚たちは、もっといい答え方はないかと考えた。[5] ２０１９年、数百人の成人を募り、交渉に関する実験をおこなった。

参加者には、自分がアートギャラリーのオーナーで、「春のこころ」というタイトルの絵を売ろうとしているところを想像してもらう。この絵はギャラリーが７０００ドルで購入したもので、同じ画家による４つの「こころ」シリーズのひとつであるという前提が伝えられた。

さらに以下のことが参加者に共有された――いくらで買い手がつくかは、見込み客が「こころ」シリーズのほかの作品をすでに所有しているかどうかで変わる。他の作品をもっていない見込み客なら７０００ドル程度しか出さないだろうし、他の作品をすでにもっていてコンプリートを目指している客ならその２倍を払うかもしれない――こうして参加者はそれぞれ別の参加者とペアを組み、架空の売買交渉に臨んだ。

ペアごとに会話の展開は異なるが、何が交渉のカギかは明らかで、ギャラリーのオーナー役は当然、買い手役にこのシリーズのほかの絵画をもっているかどうかを尋ねた。そしてここからが実験の重要な部分となる。答えづらい質問への答え方のちがいが及ぼす影響を調べるため、実験の主催者たちは買い手役（実際には研究助手）の答え方をあらかじめ操作していた。

あるオーナー役には、買い手役は正直に「こころ」シリーズの別の作品を所有していると答えた。つまり、その作品を買うためにより多くの金を払うつもりであることを匂わせたのだ。一方、別のオーナー役には、買い手役は回答を拒否した。質問に答えず、いまは自分のコレクションについて話す用意がないとだけ言った。

正直さはふだんの人間関係では好ましいことだが、金銭的な交渉では悪手だった。オーナー役を務める参加者は正直な回答者を気に入り、彼らは信頼できると言ったが、その一方で、絵の価格をできるかぎり引きあげ、買い手役からできるだけ多くの金を引き出そうとした。

逆に、買い手役が回答を拒否した場合、金銭的には損をしなかったが、人間関係には不利に働いた。絵を安く手に入れることができた反面、オーナー役からは信用されず、コレクション以外にも何かを隠している可能性が2倍多いと思われた。

主催者たちは第三の戦略も実験に組み込んでいて、これには大きな効果のあることが判明した。情報を提供するのでもなく回答を拒否するのでもなく、別の対応をとるのだ。具体的には、「その絵はいつ描かれたのですか?」とか、別の絵を指して「あの絵は売り物でしょうか?」と応答したのだ。

むずかしい質問に対し、当初の質問に関係はあるものの、(相手の訊きたいことではなく)自分の訊きたい質問を返すという戦略だった。

何かを隠しているらしい人を信頼するのはむずかしい。そのため、質問への回答をあからさまに拒否するのは、たとえ不当な質問だったとしても、よくない結果を招くおそれがある。ただし、情報を隠すことはふつういやがられるが、情報を求めることはそうではない。むしろその逆である。たとえば、面接の場で質問することは、そのポジションや会社に対して興味のあることを示すよい方法だ。また、助言を求める効果の実験からわかったように、人は自分の意見を求められて悪い気はしない。

そのため、答える代わりに適切な質問をすることは、状況を好転させる可能性がある。逃げているように見せず、興味をもって真面目に取り組んでいる様子を見せられる。無愛想で信頼できない人物ではなく、相手のことを気にかけていてもっと知りたいと考えている人物のように見てもらえる。

質問で返すという方法は、相手からの注意を逸《そ》らしながらも、別の効果を発揮する。回答拒否の場合、逃げているように見えることも問題だが、会話のフォーカスがその場にとどまったままになるのがより大きな問題となる。質問者は引き続き答えを待っており、得られていない答えがいっそう重要に思われる可能性がある。被告人は米国憲法修正第五条に従って黙秘権を行使できるが、黙秘によってより有罪らしく見えるおそれがあるのと似ている。

質問とはスポットライトのようなものだ。特定のトピックや情報に光を当てて目立たせる。

だから、答えにくい質問をされたときにこちらから適切な質問を返すことができれば、スポットライトをほかのものに移すことができる。

面接官が応募者に「子どもをもうける予定は？」と尋ねたら、応募者が「お子さんはいらっしゃいますか？」と尋ね返すことで会話の方向を変えることができる。スポットライトの当たる先が、応募者から面接官の私生活に移るのだ。

面接官に子どもがいれば、会話はその話に移り（おそらく面接官を温かい気持ちにさせるだろう）、子どもがいなければ、子どもを育てるたいへんさについてふたりで同調し合える。そうするうちに応募者は、当初の覗《のぞ》き見的な不当な質問に答える必要を遠ざけられる。

実際、実験を主催した研究者は、答えにくい直球の質問には、話を逸らすことがベストな方法であることを発見した。参加者は正直に答えるよりも交渉で有利になり（絵を安く手に入れられる）、同時に、回答を拒否するよりも、信頼できて好感のもてる人物だと見なされた。

話を逸らすことは、多くの困難な状況で有効だ。たとえば交渉の場で、払ってもいいと思える最高額はいくらかと訊かれたら、「あなたのお心にある数字はいかほどでしょうか？」と答えることができる。面接の場で前職の給料を訊かれたら、「このポジションの給与の幅をもう少し詳しくお聞かせ願えますか？」と返すことが考えられる。

情報を秘密にしたいときだけでなく、質問者の気分を害したくない場合にも、話を逸らすことは有効だ。プレゼンテーションはいい出来だったか、洋服が似合っているかなどを訊かれ、もし答えが「いいえ」だった場合、話を逸らすことで、相手のショックを和らげることができる。「あなた自身はどう思いました?」「個性的だね、どこで買えるの?」のように問いかければ、不必要に否定的な意見を言わずに済み、本当のことを言うべきか、そのまま触れずにいるべきかを整理する時間が稼げる。

だが、これまで述べてきた多くの戦略と同様に、話を逸らす場合も適切におこなうことが重要だ。話を逸らすといっても、ある質問に対してただ別の質問で返せばいいわけではなく、その場のトピックに沿っていなければならない。面接官から前職の給料について訊かれたときに、朝食に何を食べたかと訊くのは的外れもはなはだしく、苦し紛れに質問から逃げていると思われてもしかたがない。

重要なのは、相手の話に興味があることを示す、関連性のある質問を返すことだ。情報を隠しているのではなく、さらに情報を求めている姿勢を見せてみよう。

隠れた本音を聞き出すことばの使い方

他者から情報を集めようとすることは日常生活でよくある。住む場所の候補地のよい点と悪い点、購入を考えている中古車のよい点と悪い点、求人の応募者のよい点と悪い点などは、行動を起こすまえにぜひ知っておきたい。

残念ながら、自分の聞きたい情報と相手の話したい情報は必ずしも一致しない。たとえば不動産業者は、評判のいい学校や歩きやすい通りについて話せばインセンティブとなるが、重い固定資産税や都市計画法による建築制限については話したがらない。中古車販売業者は、整備と修理が完了したばかりだと強調すればインセンティブとなるが、修理が終わっていない箇所については話したがらない。採用面接では、前職での昇進について話せばインセンティブとなるが、勤務時間をSNSで浪費したために解雇されたことについては話したがらない。

ではどうすれば、当人にとって不利になる可能性のあるネガティブな情報を明かしてもらえるだろうか。

最もシンプルな答えは、実際に訊いてみることだろう。応募者に解雇された経験があるか、不動産業者にその地域に好ましくない点はないか尋ねるのだ。このようなデリケートな質問では、「訊き方」によって、本当の答えを得られる確率が大きく左右されることがわかっている。

適切な訊き方を調べるために、ある研究者グループが数百人の参加者を募り、中古のiPodを売る交渉の実験をおこなった。[6] 参加者には以下の状況を想像してもらう――誕生日のプレゼントにもらったｉＰｏｄを気に入っていたのだが、新たにｉＰｈｏｎｅを買うことにした。ｉＰｈｏｎｅにはｉＰｏｄと同じ機能が備わっていて、さらにそれ以上の機能もついているのでｉＰｏｄは不要になった――。

幸い、そのｉＰｏｄは状態がとてもよかった。ぶつけたり傷をつけたりしないようにプラスチックケースに入れていたため、新品同様だった。音楽も大量に保存してあり、買い手はそのまま活用してもいいし消去してもいい。

唯一の懸念として、そのｉＰｏｄは完全にフリーズしたことが2回あった。そのたびに初期化することになり、保存していた楽曲がすべて消えた。復旧に数時間かかり、いつまた同じことが起こるかわからない。

参加者はそれぞれ、買い手役とオンラインで簡単な商談をおこなった。売買に伴う一般的な交渉に加え、買い手役から質問が来る。一部の参加者への質問は「そのｉＰｏｄについて**教えてください**」という当たり障りのないものだった。一部の参加者へは、痛いところを突く質問が飛ぶ。具体的には、過去に何か不具合があったかどうかについてだ。「そのｉＰｏｄには**問題はありませんよね？**」

当然のことだが、売る側というのはポジティブなことだけを話したがるものだ。たっぷりのメモリを搭載しているとか、傷や汚れがついていないとか、保護ケースをおまけにつけるとか。交渉や面接など戦略的な情報交換の多くがそうであるように、彼らは自分に有利な面を強調した。実際、「そのiPodについて**教えてください**」という一般的な質問に対して、「フリーズするという不具合が過去に発生した」と正直に明かした参加者はわずか8%しかいなかった。今後もフリーズが起こるかもしれないのに、ネガティブな情報を自ら口にする人がほとんどいなかったのは、買い取り金額に不利に作用すると思われるからだ。

つまり、充分な情報を得るには、漫然と質問するだけでは不充分だった。では、不具合の有無について直接質問することは有効だっただろうか？

まあ、多少は。

買い手役が潜在的な問題について「そのiPodには**問題はありませんよね？**」と直接尋ねた場合、一部の参加者は比較的率直に答えている。約60%が、そのiPodは過去にフリーズしたことがあると明かした。

一方で、残りの40%は、なるべくポジティブな印象を与えるために回答を避けた。買い手は本来の価値よりも多く払わされたことになる。

この結果には少し困惑させられる。ストレートに訊かれたのにもかかわらず、一部の参加者はまともな回答をしていなかったのだから。

もしかしたら、彼らはもともと不誠実だったのかもしれない。何を訊かれても、はぐらかして逃げ切るタイプかもしれない。嘘つきは嘘つきで、どうしようもない。

だがじつのところ、ことばそのものにも別の問題があった。「そのｉＰｏｄには**問題はありませんよね？**」という訊き方は、問題の有無を問う一方で、暗黙の前提をにじませている。問題はないはず、という前提を。

これまでに紹介した、２回目のデートへこぎ着けられるかどうかや、助言を求めたときに相手に与える印象に関する実験が示唆していたように、質問は私たちが相手からどのように認識されるかをかたちづくる。頭のよさや感じのよさだけでなく、こちらの知識や意図を推測する土台をつくるのだ。

誰かに「そのｉＰｏｄについて**教えてください**」と言われたら、ポジティブな点ばかりに集中して答えようとしがちだ。問題について直接的に訊かれたわけではないのだから、わざわざネガティブなことをもち出す理由が乏しい。

「そのｉＰｏｄには**問題はありませんよね？**」は質問がより直接的になってはいるが、買い手役が潜在的な問題について実際の情報も、問題の存在を疑う根拠ももっていないことを示している。少し気にはしているものの、調査する必要性に強くこだわっているわけではない。そのような問題は存在しないと思い込んでいるか、あるいは、相手のいやがりそうな質問を深追いして対立するのを避けたいか、のどちらかの理由だろう。そのため、売り手役は答えを省いてもまだ安全なところにいられると感じる。ばれる可能性が低いのなら、ネガティブな情報を出す必要はないではないか――。

ということは、私たちは40％の確率で嘘をつかれてしまうのか？

いや、そうではない。

ここで3つ目のタイプの質問が登場する。前提を逆転させるのだ。「問題がない」ではなく「問題がある」ことを前提にした質問だ。

「そのiPodには**どんな問題がありますか？**」のような質問がこれに該当する。暗黙のうちに問題がないと想定するのではなく、問題があるという前提に立って、それを解決しようとするのだ。

さらに、このような否定的な前提に立つことは、質問者当人に関する追加の情報発信でもある。問題点に気づいていない、あるいは気づいてはいてもできれば避けたいと考えている人物ではなく、問題が起こりうる可能性を認識し、それについて質問するほどの積極性をもつ人物であることを示している。

そのため、質問されたほうは逃げの回答がしにくくなる。実験でも、「そのiPodには**どんな問題がありますか？**」という3つ目の質問をされた参加者（売り手側）は、より率直な回答をしている。好ましい状況（問題はないはず）を想定したポジティブな質問と好ましくない状況（問題があるはず）を想定したネガティブな質問は、問題点の有無を直接的に尋ねているところは同じだが、ネガティブな質問では、売り手側が問題の可能性を明かす確率が50％高かった。*

質問には、情報を引き出すだけでなく、内側を暴く力がある。質問する側の知識や前提、さらには思い込みの強さも明らかにする。

また、質問には、質問者が相手からどのように見られるかだけでなく、受け取る回答の真実性にも影響を与える力がある。たしかに、なかには文脈と関係なく嘘をついたり、なんとか言い逃れをしたりする人もいるかもしれないが、見破られるリスクがあると思えば、そうする可能性はかなり低くなる。

さらに、このタイプの質問の意義は、相手に嘘をつかせないようにすることだけではない。

* ネガティブな問題があると決めつけたこのような質問は、人間関係に不利に作用するのではないかと心配する向きもあるかもしれない。必要な情報が得られたとしても、強引だとかうっとうしいとか攻撃的だなどの悪い印象をもたれてしまうのではないかと。だが、その心配はあまりいらないようだ。実験でも、そのような質問をした人がほかの人よりも好ましくない印象をもたれたという結果は出なかった。

医師は一日じゅう、おおぜいの患者を次々に診察する。つねに時間が足りず、テキパキと動かなければならないので、診察をスムーズに進めるための定型の質問をよく使う。年1回の健康診断の場だったら「タバコは**吸いませんね?**」とか「運動は充分に**していますね?**」とか。患者を手早くさばくのに有効だ。

だが、問題がないことを前提にしたこの訊き方では、医師は無意識のうちに患者に特定の種類の返答を促している。もし患者がタバコを吸っていたり、すべき量の運動をしていなかったりした場合に、医師のことばを遮って本当のことを言うだろうか。つまるところ、医師は「はい」「いいえ」で簡単に答えられる問いかけをしているわけであり、最も楽な道は何も問題がないふりをすることなのだ。

明るみに出ることに抵抗が大きい話題のときほど、好ましい前提に立って質問をしないように心がける必要がある。問題がないことを前提にしてはいけない。喫煙や運動不足を正直に言えば医師から注意されるとわかっている人は、なるべくその情報をもち出さずに済ませたいと考える。アルコールや薬物を手放せない状況にある人なら、なおさら話題に出したくないはずだ。

聴衆に発言させようとする場合も同様だ。プレゼンテーションの場や、何か込み入った概念を講義しているときに、「ここまで質問は**ないですね?**」などとつい言ってしまうことがある。これを「質問を**聞かせてくれませんか？**」のように言い換えると、理解できなかったところを尋ねてみようという気になる人が増えるだろう。

都合のいい情報を選んで報告したい気持ちは誰にでもあるが、それでも適切な質問をすることで、より真実にたどり着きやすくなる。ネガティブな要素がもしあればそれを把握し、意思決定に取り込むことができる。

とはいえ、ただストレートに訊けばいいというものではない。ネガティブな情報があるかもしれないことをこちらが認識していることを示し、さらに情報を得られるまで探すつもりであることが伝わるように質問する必要がある。

アパートメントの貸主なら、住民のなかに夜中のパーティー好きや、やんちゃな子や、吠《ほ》える犬がいることをなかなか言いたがらないものだ。「ほかの部屋にはどんな人が住んでいますか？」と訊いたところで、率直な答えは得られにくい。質問を工夫する必要がある――「これまで住民が隣人について苦情を入れたことはありますか？」など。問題があるという前提に立って質問をすることで、率直な答えを得られる可能性が高くなる。

人見知りでも仲良くなれる36の質問リスト

適切な質問を知ることは貴重なスキルだ。どの質問にも同じような効果があるのではなく、場面によって、ほかより効果の高いものがある。

それに加えて、会話のさまざまな場面で役立つ質問の仕方があることを知っておいてほしい。

1960年代後半、カリフォルニア大学バークレー校の大学院生だったアーサー・アーロンは、研究テーマを模索していた。社会心理学の修士課程に在籍していた彼は、まだあまり深く研究されていないものがほしかった。科学的な解明がむずかしいと思われている分野でも、自分ならできるかもしれない。

そんなことを考えつつ、当時の彼は同学年のエレーヌ・スポルディングとデートに出かけた。ふたりは恋に落ちた。ある日、キスをしたとき、アーサーはふたつのことに気づいた。ひとつは、この女性と人生をともにしたいということ、もうひとつは、「愛」こそ自分の研究テーマにふさわしいのではないかということ。

それから50年以上経ったいまでも、アーサーとエレーヌは一緒にいる。ふたりでさまざまな体験を重ねてきた。世界中を旅し、ベストセラーを書き、パリやトロントからバンクーバー、ニューヨークまで、さまざまな場所に移り住んだ。

その過程で、アーロン夫妻は、友人間や恋人、初対面の人同士など、人間関係というものに対する私たちの考え方も変えることになる。

夫妻は、人がどのように他者とのつながりをつくり、維持していくのか、そのつながりが個人の成長と発達にどんな役割を果たすのかについて研究した。パートナー間で斬新なことや刺激的なことをおこなったときの関係改善、グループの枠を超えた友情がもたらす偏見の減少、熱烈な恋愛の多幸感に作用する神経メカニズム（コカインに反応するのと同じメカニズムだそうだ）などを調査してきた。

なかでも、おそらく最も有名な研究は人を結びつける方法に関するものだろう。強固な人間関係は人生に欠かせない。社会的つながりは話し相手を与えてくれるだけでなく、幸せで健康的な生活を送る礎《いしずえ》となる。人間関係の質は、富や成功よりも幸福の大きな予測因子であり、健康に生きられるかどうかも強く左右する。家族や友人、コミュニティから密接な社会的支援を得ている人はそうでない人に比べて、不安やうつ状態の割合が低く、自己肯定感が高く、長命であることが、多くの研究によって明らかにされている。

人間関係の親密さがもたらすメリットははっきりしているものの、そのような関係ができあがるまでには時間がかかる。同僚が友人になるまでには何度も交流が必要だし、たしかな恋愛関係を築くにはふつうは数週間から数カ月かけてデートを重ねる必要がある。

さらに、関係を深めること自体、いつもスムーズに進むとはかぎらない。職場の人と友だちになりたい、あるいは知人との距離を縮めたいと思い、外で会う機会をこしらえたり、口実をつくってコーヒーに誘ったりしたとしても、実際にそうなると何を話せばいいのかと戸惑ってしまう。

もっと効果的な方法はないだろうか、とアーロン夫妻は考えた。そして編み出した。一歩ずつそのとおりにたどれば、ふたりの関係が密になったと感じられる方法を。友だちでも、恋人候補でも、会ったばかりの他人でも、1時間足らずで効果の出るテクニックを体系化したのだ。

なんだかむずかしそうな話に聞こえる。むしろ不可能に思える。信頼と親密さは一夜にして築かれるものではないのだから。

だが、たしかに低い確率ではあるものの、ときには短時間に社会的つながりが形成され、花開くことがある。飛行機でたまたま隣に座った見知らぬ者同士が、飛行機を降りるときには最高の友人になっていたり、それまで話したことがなかった、あるいは嫌いだった同僚とチーム育成イベントで偶然ペアを組むことになり、以降、大親友になったり。

１９９０年代後半、アーロン夫妻は、社会的つながりの形成と強化を促す手法を構築し、効果をテストし始めた。いつでもどこでも誰とでも親密な関係を築くことのできる手法だ。

この手法の核心は、適切な質問をすることにある。

ふたりが一組となって、ひとつが12個の質問からなる質問セットを3セット読み、意見を出し合うように求められる。1セット目の質問群は、「世界中の誰でも選べるとしたら、ディナーに誰を招きますか？」のような答えやすいものが中心だ。ひとりがまずその質問に答え、次にもうひとりも同じように答える。

そして次の質問に移る。「有名になりたいですか？　どんなふうに？」ふたりとも答え終えたら、3番目の質問に進む。「電話をかけるまえに、何を言うかリハーサルをすることがありますか？　なぜ？」

ふたりは順番に質問を読み、答えていく。15分間の制限時間内に、なるべく多くの質問を終わらせるように努める。

〈1セット目の質問群〉

1　世界中の誰でも選べるとしたら、ディナーに誰を招きますか？

2　有名になりたいですか？　どんなふうに？

3　電話をかけるまえに、何を言うかリハーサルをすることがありますか？　なぜ？
4　あなたにとって「完璧な」1日とはどのような日ですか？
5　歌を口ずさんだのはいつが最後ですか？　人前で歌ったのはいつが最後ですか？
6　あなたが90歳まで生きられるとして、30歳のときの心と身体のどちらかを残りの60年間で保ちつづけることができるとしたら、どちらを望みますか？
7　あなたがどのように死ぬかについて、秘かに予感していることはありますか？
8　あなたとあなたのパートナー（ペアの相手のこと）が共通してもっていると思うものを3つ挙げてください。
9　人生で最も感謝していることはなんですか？
10　あなたが成長してきた過程のうち何かを変えられるとしたら、何を変えますか？
11　4分間で、あなたの人生の物語をできるだけ詳しくパートナーに話してください。
12　明日、目覚めたときに、何かひとつ資質か能力を得ているとしたら、何を得たいですか？

15分が経過したら、2セット目の質問に移る。1セット目と同様に、ふたりは順番に質問を読み、答える。15分間の制限時間内に、なるべく多くの質問を終わらせるように努める。

〈2セット目の質問群〉

1　もし水晶玉が、あなた自身、あなたの人生、未来、またはほかの何かについて真実を教えてくれるとしたら、何を知りたいですか？

2　長いあいだ、夢見ていることがありますか？　なぜ実現されていないのですか？

3　あなたが人生で成し遂げたことで最もすばらしいものはなんですか？

4　友情のなかの何に最大の価値を見いだしますか？

5　最もたいせつな思い出はなんですか？

6　最もつらい記憶はなんですか？

7　もしあなたが1年後に急死するとわかったら、いまの生き方を変えますか？　なぜですか？

8　あなたにとって友情とはどんな意味がありますか？

9　あなたの人生において愛情や思いやりはどんな役割を果たしますか？

10　パートナーのよい特徴だと思うところを5つまで交互に話してください。

11　あなたの家族はどのくらい親密で温かいですか？　あなたの子ども時代は、ほかの多くの人に比べて幸せだったと感じますか？

12　母親との関係についてどのように感じていますか？

15分が経過したら、3セット目（最終）の質問に移る。

〈最終セットの質問群〉

1　「私たちは〜」を主語にした真実の文を3つつくってください。（例：「私たちはどちらもいまこの部屋にいて、……を感じています」）

2　この文を完成させてください。「誰かと……を共有できればいいのになあと思います」

3　もしパートナーと親しい友人になるとしたら、あなたの何を知っておいてほしいかを伝えてください。

4　パートナーの好きなところはどこですか？　初対面の人にはふつうは言えないようなこともきょうは正直に話してみてください。

5　いままでの人生で恥ずかしかったときのことをパートナーと共有してください。

6　最後に人前で泣いたのはいつですか？　ひとりで泣いたのはいつですか？

7　パートナーについて、すでに好きになっているところを話してください。

8　冗談では済まされないような深刻なことがあるとしたら、それはなんですか？

9　もしあなたが、誰とも話す機会がないまま今夜死ぬのだとしたら、誰に何を伝えておかなかったことを最も後悔しますか？　なぜまだ伝えていなかったのですか？

10　あなたの持ち物すべてを置いてある自宅が火事になりました。だいじな家族やペットを助けたあと、あと一回だけ安全に家のなかに走り込み、品物をひとつ取ってくることができます。その品物はなんですか？　なぜそれなのですか？

11　家族のなかで誰の死にあなたはいちばん動揺しますか？　その理由は？

12　個人的な問題を共有し、パートナーならそれにどう対処するか助言を求めてください。また、その問題をあなたがどう感じているように見えるか、パートナーの印象を返してもらいましょう。

アーロン夫妻は、この手法が有効かを確かめるために実験をおこなった。[7]　互いに面識のない数百名を集めてペアをつくり、短い会話をしてもらう。一部の人には、先に挙げた36個の質問に沿って会話をするように指示した。所定の時間が経過したときに、参加者は会話の相手をどの程度親密に感じたかを報告する。

それまで見知らぬ者同士だったふたりがことばを交わしたのはわずか45分間だけだった。社会的つながりを築くのにふつうは数週間から数カ月かかることを思えば、圧倒的に少ない。

ところが、質問だけで構成されたこの対話は大きな影響力を発揮した。ただの世間話をしただけのペアと比較すると、質問群に沿った会話をした人たちは、より強く親密なつながりを感じた。パートナーとはその日会ったばかりだったが、友人や家族などを含むほかの人間関係と比べて、親密さの点で中ほどに位置していると報告した。

さらにこの手法は、パートナーになったふたりがもともと似ていたか、かけ離れていたかに関係なく、同じようにうまく機能した。価値観や趣味嗜好、政治的傾向の異なるパートナー同士でも、質問群を介して親密になり、つながりを感じられるようになったのだった。

アーロン夫妻がまとめた質問群のテクニックは「ファスト・フレンズ」と呼ばれる。以来、このテクニックはおおぜいの他人同士に感情的なつながりを生み出すのに役立ってきた。アーサーは、講演時や新入生のクラスで定期的にこのテクニックを使い、つながりの醸成を後押ししている。集団の境界を超えた友情の育成や偏見の低減にも使われてきた。[8] 緊張の漂う都市で、警察官と地域住民のあいだの信頼感を高め、互いへの理解を深めるために適用されたこともある。

ここで、その有用性と同じくらい興味を惹かれるのは、そもそも、なぜこうした質問にそれだけの力があるのかということだ。どんな質問でも質問のかたちをとっていればいいのか？　もしそうでないのなら、これらの質問をこの順番でおこなうことの意味はどこにあるのだろうか。

ひとつ目の答えは簡単だ――「いいえ」。質問ならなんでも同じように人とのつながりを深められるわけではない。実験のときに、好きなように雑談してくださいと指示された人たちも、「ハロウィーンはどんなふうに祝いましたか？」「この夏に何をしましたか？」のような質問をしたりはしたものの、３つの質問群について答え合った人たちと同じくらい高い親密度を育むことはなかった。

親密な関係が築かれるまでには往々にして自己開示を伴う。いま友人や仲間になっている人たちもはじめから親しかったわけではない。最初は挨拶を交わし、やがて世間話をするようになり、会話する時間が増えていく。

それ以上の関係に発展するかどうかは多くの場合、途中にある壁を乗り越えられるかにかかっている。世間話の先の、より深い何かに到達できるか。自分自身について明らかにし、相手のことを知り、そして心のつながりが得られるか。

このときに質問は助けになる。ただの問いかけではなく、もっと深いところに届く質問だ――「もしあなたが、誰とも話す機会がないまま今夜死ぬのだとしたら、誰に何を伝えておかなかったことを最も後悔しますか？　なぜまだ伝えていなかったのですか？」のような。

これは大量生産品のような「調子はどうですか？」や、週末に何をするかを儀礼的に尋ねるのとはちがう。人に考えさせ、過去を振り返らせ、熟慮の末に答えを生み出させる、ときに答えることのむずかしい、思考力をおおいに試される質問だ。

このような質問は人の心を開かせる。より深く考えさせる。自己開示や自己表出を促し、自分の本当の姿と向き合うように導くのだ。

だったら、雑談を省略して、すぐに深い質問へ飛べばいいのではないかと思うかたもいるだろう。雑談は無駄だから、内面を深く掘り下げる質問を急いで始めるほうが効率的だと。

だがこれには問題がある。2分前に会ったばかりの見知らぬ人から「もしあなたが、誰とも話す機会がないまま今夜死ぬのだとしたら、誰に何を伝えておかなかったことを最も後悔しますか？　なぜまだ伝えていなかったのですか？」と訊かれるところを想像してほしい。あなたはなんと答えるだろうか。喜んでその質問に向き合い、会ったばかりの人に自分のことを正直に打ち明けるだろうか。

おそらく、そうはならないだろう。

むしろ、その会話から逃げる言い訳を探そうとするだろう。あるいは、逃げないにしても、かなり表面的なその場しのぎの答えしか言わないはずだ。なぜなら、そのときはまだ、正直になれるほどの安心感を得ていないからだ。心を割って話したいと思えるほど相手を知っているわけではない。本当の意味での深い自己開示をおこなうには、すでになんらかの社会的つながりが存在している必要がある。

そこにむずかしさがある。社会的つながりを得るには、すでに自分自身について開示している必要があるからだ。

この板挟み状態が、「ファスト・フレンズ」が効果的である理由のひとつだ。すぐに重い話に入るのではなく、楽なところから徐々に自己開示を促していく。

はじめのほうの質問は、雰囲気をほぐすための、安心して答えられる、軽くて無難なものだ。ディナーのゲストに誰を招きたいかという質問は、誰でも答えられるうえに考えるのが楽しい。プライベートに踏み込んだ質問ではないので、初対面の人にでも気軽に答えることができる。

ただし、気軽な質問とはいえ、答えはその人がどんな人物かを知るための、小さな窓になる。あなたのパートナーがディナーに招きたいゲストとしてレブロン・ジェームズや、ローマ教皇、アルベルト・アインシュタイン、マーティン・ルーサー・キング・ジュニアの名を挙げたのなら、パートナーがどんな人物で、何をたいせつにしているのかがある程度わかる。スポーツ好き（とくにバスケ）、信仰心が篤《あつ》い、科学に夢中、社会正義に関心がある――。すべてがわかるわけではないにせよ、足がかりを築ける。

その少しの自己開示が、わずかな暴露が、パートナーにも同じことを促す燃料となる。相手が自己開示したのなら、それに応えて自分も少しオープンにしてみようと。そうすると、相手はさらに自己開示を大きくし、こうしてつながりが築かれていく。

弱さを見せることも親密さの醸成に役立つが、ふたりが互いに弱音を吐けるようになるのは簡単ではない。こちらだけが自分をさらけ出し、深いところまで語りすぎ、相手からは返ってこないことを誰もが心配する。多くの人が2番手になりたがり、真っ先に口火を切ろうとする人はほとんどいない。

この点でも「ファスト・フレンズ」の質問は促進剤となる。いきなり深刻なところからスタートするわけではなく、かといって、あまりに軽すぎることもない。無難な質問から始めて、徐々に掘り下げ、内面を明るみに出していく。両者どちらにも回答を求めることで、どちらも関係の構築に寄与し、信頼を深め合うのだ。互いの自己開示を持続させ、少しずつ広げていくことで、ふたりは結びつきを強め、より親密になることができる。

第３章のまとめ

くだらない質問はない、とよく言われる。だが、相対的にいい質問と悪い質問があるのは事実だ。

質問は情報収集に役立つが、同時に、自分に関する情報を相手に伝達し、会話の流れを調整し、社会的つながりを築く働きもある。だから、いつ、どのタイプの質問をするのが適切かを知っておこう。

1 積極的に助言を求める

助言を求めることは弱さではない。有用なヒントを得られるだけでなく、むしろ自分を有能に見せられる。

2 フォローアップ質問で相手の心に切り込む

質問すること自体も前向きな会話を促すが、さらにフォローアップ質問を加えてみよう。相手に興味があり、もっと知りたいと考えていることを伝えられ、いっそう効果的となる。

3 答えにくい質問は質問で制す

誰かから不当な質問をされた場合、関連はあるがフォーカスの変わる質問を返そう。自身の個人的な情報を護り、かつ、相手への関心を示しながら、会話の方向を変えることができる。

4 意図と反する「前提」を含んだ訊き方をしない

相手が隠したがっている情報を引き出すようなケースでは、「問題はないですよね？」といった「問題はない」前提に立った質問の仕方をせず、「問題はありますか？」と「問題がある」前提に立った訊き方をしよう。

5 無難な質問→深い質問へと徐々に移る

社会的つながりを深めるためには、あるいは見知らぬ人と親しくなるには、まずシンプルな質問から始めよう。互いの自己開示を重ねながら段階的に深い質問へと進めば、信頼関係をスムーズに築くことができる。

何をいつ「質問」すべきかを知れば、有益かつ必要な情報を容易に得られ、意義深い人間関係を構築することが可能になる。

次の章では、ことばの「具体性」に目を向け、使い分けをマスターしよう。

第4章

「具体的(How)」か、「抽象的(Why)」か

数年前、空港へ向かっていたとき、すべての出張者が恐れるメッセージを受け取った——乗る便が欠航になったと。2、3日出張先にいて、家に帰るのを楽しみにしていたので、理想とは真逆の展開だった。子どもたちを寝かしつけるのに間に合うように選んだ便だったのに、家にいられないどころか、それが無理ならせめて出張の目的だったクライアントともう少し長く話せればよかったのにそれもかなわず、ただ空港で足止めを食らう羽目になった。

さらに悪いことに、航空会社が私に提示した振替便は、その日の直行便ではなく、次の日の乗り継ぎ便だった。私は本当に腹が立ったので、カスタマーサービスに電話して、もっとましな打開策を得ようとした。

電話口の係員は、あまりやる気がなさそうだった。こちらの話に耳を傾けたり、問題を本当に理解しようとするのではなく、台本らしきものをただ読みあげている感じだった。客を気遣うというより、気遣っている体裁を示すための決まり文句を並べつづけた。20分間のやり取りのあと、私は同じ日の夕方の直行便のキャンセル待ちリストに載ることができたが、怒りは激怒に変わっていた。

カスタマーサービスと話していたのはタクシーの車内だった。話し声が聞こえていたドライバーが慰めを言ってくれて、そこから話が弾んだ。私は、自分がいかにイライラしているかを彼に言い、さらに、大量の問い合わせに対処しなければならない、カスタマーサービスの係員を気の毒に思うとも話した。欠航になったのは彼らのせいではないのに、私のように怒った人たちを一日じゅう、次から次にさばかなければならない。

きつい仕事だと私には思えたが、タクシーのドライバーは反対のことを言った。彼の娘さんはある航空会社のカスタマーサービスで働いていて、その仕事をとても気に入っているのだそうだ。客を納得させ、満足させるのに長けていて、他の係員を指導するリーダーに昇進したという。

それを聞いて私は驚いた。このような状況で客を満足させるのは至難の業だと思えたからだ。電話をしてくる客はほとんど、欠航や遅延、荷物紛失などの問題を抱えており、係員が指をパチンと鳴らしてたちどころに消せる類いのものではない。

だが彼の話を聞くうちに、私は知りたくなった。彼の娘さんが困難な状況にうまく対処できるのなら、事態を修復するためにどんなふうに話したのだろう。係員が提供できるもの――たとえば、費用弁済や振替便の手配――を示すだけでなく、客をより満足させるコミュニケーション方法があるのだろうか？

この疑問を追究するため、同僚グラント・パッカードと私は、大手オンライン小売業者に寄せられた数百件のカスタマーサービスの電話記録を調べることにした[1]――アーカンソー州のAさんは買った旅行鞄のカギが開かないと言い、セントルイスのBさんは靴が不良品だと言い、サクラメントのCさんはサイズの合わないシャツを返品したいと言う。

文字起こしの会社と、リサーチ助手チームの助けを借りて、録音をデータ化した。電話の内容をテキスト化し、係員と客の発言を切り分け、声の高さやトーンなども測定した。

どの客もそれぞれに異なる理由で電話をかけてきていたが、多くの通話が似たような筋書きをたどっていた。係員が名を名乗り、客の問題を聞き取り、解決を図ろうとする。旅行鞄のカギが開かない理由は何か、靴のどこが不良なのかを明らかにしようとし、シャツの返品を手伝う。自社システムの履歴を調べたり、上席者と相談したりして、必要な情報を集める。その後、うまく解決策が見つかったら、解決策の中身あるいはすでに解決策を講じたことを客に説明し、客にさらに質問がないかどうかを尋ね、終わりの挨拶を述べて電話を終了する。

だが、電話対応そのものは似たような構図でありながら、結末にはくっきりとちがいが表れた。係員の対応に満足して機嫌よく電話を終える客もいれば、そうでない客もいる。

当然ながら、結末が分かれる理由の一部は、客の抱えていた問題がそれぞれにちがうからだ。ある人はアカウントにおかしなところがあると言い、別の人は注文内容に問題があると言う。深刻なトラブルもあれば、ちょっとした確認の電話もある。

ところが、電話の内容や客の人口統計学的属性、その他多くの要因を考慮しても、つねに重要な役割を担っていたのは、係員の話し方だった。顧客満足度を引きあげる話し方というものが実際にあったのだ。

その話し方を理解するには、魔法のことば《マジックワード》を導く4つ目のカテゴリを知る必要がある——ことばの具体性だ。具体的なことばと抽象的なことばを有効活用する方法を、本章では見ていくことにする。

最強のクレーム対策：具体的なことばを使う

身の回りには物体がある。扉、テーブル、椅子、車はどれも、形があり、ひとつに特定でき、物理的にそこに存在する物だ。目で見て、手で触ることができる。それらが何であるかを明確に感知でき、頭のなかで像を思い描くこともできる。テーブルの絵を描いてと言えば、5歳児でも描くだろう。

一方では、具体的ではないものがある。たとえば、愛、自由、着想。これらは無形であって、簡単にはとらえられない。物理的な存在ではないため、触れることはできず、頭のなかで像を思い描くこともむずかしい。誰かに民主主義の絵を描いてと言ったら、ぽかんとされるのがオチだろう。民主主義になんらかの姿があるとしても、どんな姿なのかははっきりしない。

具体的なものとそうでないものがあることに加え、同一の物体でもより具体的に表現する場合とそうでない場合がある。

たとえば、脚を覆うデニム地の布は、パンツと呼んだり、ジーンズと呼んだりする。パイを見て「すごくおいしそう」と表現したり、「よだれが出そう」と表現したりできる。「デジタルトランスフォーメーション」を、「実店舗だけでなくオンライン上でも客がものを買えるようにすること」と言い換えることもできる。いずれの場合も、後者のほう（〝ジーンズ〟や〝よだれが出そう〟のほう）が具体的だ。より詳細で、生き生きとしていて、頭のなかに像を思い描きやすい。

筆者のチームが調査したカスタマーサービスの電話でも同じことが当てはまった。たとえば、靴の在庫を訊かれた係員は、「その**靴**」と言うことも、「その**品**があるかどうか調べます」とも言えるし、「その**ライムグリーンのナイキ**」と言うこともできる。配送状況を問い合わせる電話には、「**そちらに**まもなく届きます」とも言えるし、「**ご指定の場所に**」「**お客様の玄関前に**」と言うこともできる。返金を求めて来た人には「**お返し**します」とも言えるし、「**返金**します」「**お客様のお金をお返し**します」と言うこともできる。

いま挙げた3つの例でも、あとのものほど具体的な表現が使われている。「その**品**」よりも「その**ライムグリーンのナイキ**」のほうが具体的だし、「**そちらに**」よりも「**お客様の玄関前に**」のほうが具体的、「**お返し**します」よりも「**返金**します」のほうが、「**返金**します」よりも「**お客様のお金をお返し**します」のほうが、それぞれ具体的だ。あとのものほど、使われているとばがより明確で、実際のイメージを思い描きやすい。

こうしたバリエーションは、単純な言い換えのように見えるかもしれないが、実際にはカスタマーサービスの客の感情に重要な影響を及ぼしていた。

具体的なことばの使用が顧客満足度を大幅に押しあげていたのだ。つまり、カスタマーサービスの係員が具体的な表現を使うと、客はその対応に満足し、係員のことを親切だと感じる傾向が強かった。

さらに、ことばの具体性が導くメリットは、客の感情だけにとどまらない。別の小売業者で交わされた約１０００件のメールのやり取りを分析したところ、購買行動にも同様の効果のあることが判明した。従業員がより具体的なことばを使った場合、以後の数週間で、客がその小売業者で買い物をした額が30％増えた。

話し方で多少、客をいい気持ちにさせたところで、たいしたちがいはないと思う人もいるかもしれないが、実際に経済的見返りのあることがわかったのだ。

問題解決にせよ、製品やサービスの販売にせよ、現場の従業員は1日に何十何百の客と接している。コールセンターには、スーツケースの不具合で困っている人やウェブサイトのログインがうまくいかない人たちから、次々に電話がかかってくる。小売店では、ジャケットを探している人に対応したかと思えば、パンツを返品する人に対応しなければならない。営業担当者は、さまざまなクライアントに自社製品を次々に宣伝してまわらなければならない。

このような場合、つい決まりきったフレーズを口にしがちだ。そのときの品がジャケットでもパンツでもほかの何かでも、「お買い物のお役に立ててうれしいです」「この件では申しわけありませんでした」のように。具体的でない、汎用的な返答は、ほとんどの状況に適用できるため、時間と労力の節約につながる。

だがその応用範囲の広さには弊害もある。

洋服を買うときのことを想像してみよう。よさそうなTシャツが見つかったが、ほしい色であるグレーは店頭になかったので、店員ふたりに相談したとする。ひとりは「探してきます」とだけ言い、もうひとりは「**そのTシャツのグレーですね、**探してきます」と言う。ひとりを選ぶとしたら、あなたはどちらの店員があなたの言うことを熱心に聞いてくれると思うだろうか？

このような質問を数百人に投げかけたところ、後者の、より具体的な対応が圧勝した。汎用的な回答はどのような状況でも使えて便利だが、どのような状況でも使えるということは、明確でも具体的でもないということだ。そのため、汎用的な言い方で返答されると、その人が実際にこちらの話を聞いてくれているのかがよくわからない。

人は、客の立場であろうとほかの立場であろうと、話を聞いてもらったと感じたいものだ。カスタマーサービスに電話をかけたり、上席者との面談を求めたり、何か気になることがあって事務所に来たりする人たちは、誰かが自分の懸念に耳を傾けてくれて、対処してくれそうだと感じたがっている。

話を聞いてもらえたと感じるには、３つのことが必要となる。第一に、相手がこちらの発言に「注意を払ってくれた」と感じなければならない。第二に、相手がこちらの発言を「理解してくれた」と感じなければならない。第三に、相手がこちらの話を聞いていることを「態度に示してくれた」と感じなければならない。

この第三の部分がとくにたいせつだ。無反応な相手と話すところを想像してみてほしい。もしかしたら、彼らはこちらの言ったことすべてに注意を払っていたかもしれない。完全に理解していたかもしれない。だが、話を聞いていることを示すなんらかのシグナルがなければ、本当に聞いていたのを知ることはできない。

カスタマーサービスの係員はみな、客の話に注意を払い、問題を理解したかもしれない。だが、そのことを示すなんらかのシグナルを外に出さなければ、客には伝わらない。

だからこそ、具体的な言い方がだいじになってくる。それがシグナルになるのだ。明確で具体的なことばを使うということは、聞いた「ふり」をしているのではなく、相手の言ったことに注意を払い、理解するために努力していることの表れだ。つまり、身を入れて聞いていることを相手に知らしめるのだ。

従業員が客の声を真摯《しんし》に聞こうとしていることが伝われば、顧客満足度も購買意欲も高まる。客それぞれに異なる具体的なニーズに応えるには、まずそのニーズを理解しなければならない。ニーズに関心を払い、理解することは「傾聴」の重要な要素だが、具体的なことばの使用は、さらにその先への一歩となる。聞いていることを「相手に示す」のだ*。

傾聴はたいせつだが、相手を喜ばせたいのなら、たんに話を聞くだけでなく、聞いていることを相手にわからせることがカギとなる。パートナーやクライアントの話をちゃんと聞いていたと相手に納得させるには、それを示す反応を見せなければならない。

たとえば、パートナーがきょうの仕事はきつかったと話したとき、「おつかれさま」「たいへんだったね」と返すのは簡単だ。だが、こうした答えは抽象的すぎて、こちらが思うほどには相手に響かない。一般的なことばなので、相手のことを本当にいたわっている気持ちが伝わらない。

このような場合には具体的な表現が効果的だ。「部長が45分も遅刻とは、ありえないよね」とか「プロジェクターが使えないなんて、災難でしたね」など、具体的なことばを使うことで、ちゃんと聞いていること、そして相手を気にかけていることを伝えられる。

クライアントと接するときも同様だ。相手の言い分を明確に理解し、それに基づいて話を進めたり、対応したりできていることばで示す。

具体的なことばのメリットは、話を聞いていることのシグナル以外にもあるとわかっている。

具体的に表現されたアイデアは理解されやすい。[2] 数千件にのぼる技術サポートのウェブページを分析したところ、より具体的な表現を使っていたページのほうが、より有益として高く評価された。抽象的な表現（「セキュリティに関する一部許可リスト」）を使うよりも、より具体的な表現（「キーボードの分割と移動の方法」「バッテリーの残量チェックと時計の充電」）を使うほうが、読者は内容を理解しやすく、疑問点の解決により役立ったと感じる。

具体的な表現にはさらに、記憶に残りやすいという利点もある。読者にとって、具体的なフレーズ（「錆《さび》の入ったエンジン」「飛行機の着陸時にドシンという衝撃があり、乗客が座席に押しつけられた」）のほうが、抽象的なフレーズ（「既存の知識」「角度をなす面に作用する気流」）よりも記憶に残りやすい。[3]

＊具体的なことばも、その場の状況に即したものでなければならないことに注意してほしい。客が靴の品質に苦情を言っているのに、係員がまったく関係のない具体的なことば（「そのジャケットが見つかってよかったです」）を使ったら、客の満足度はあがらないだろう。いやむしろ、かえって下げてしまうかもしれない。具体的なことばが効果的なのは、相手の話に注意を払い、理解したというシグナルになったときだけだ。

このように、具体的なことばには有益な面がたくさんある。人の注意を引き、支持を促し、望ましい行動へと後押しする。[4]

現実に、ことばの具体性は仮釈放委員会の判断にも影響を及ぼす。受刑者が自らの行為について反省の弁を述べる際、より具体的な言い方をした者ほど仮釈放が認められる可能性が高かった。

専門用語と業界用語

こうして具体的なことばの利点を並べると、ひとつ疑問が湧く――だったらなぜ、私たちはもっと頻繁に具体的なことばを使わないのか？　物事が理解しやすく、記憶しやすく、肯定的に受け取られやすくなるというのなら、なぜ抽象的に話したり書いたりするのをやめないのか。

私たちがなんらかのアイデアを表現するときには、その中身についてよく知っているものだ。セールスパーソンは自社の製品やサービスの長所をすべて知っているし、教師は教えている教科の専門家であり、経営幹部なら新しい戦略的構想を何カ月もかけて細かいところまで練りあげる。このような知識は恵みだと言える。

ただし、知識はときに恵みとなっても、一方で災いとなることもある。なぜなら、人はひとたび何かについて多くを知ってしまうと、それを知らなかったときのことを思い出すのがむずかしくなるからだ。深い知識がない状態がどんな感じかを想像できない。

他者が何をどのくらい知っているかを推測するとき、私たちは往々にして自分の知識を出発点とする。自分と同じ程度に知っていると思い込むこともよくある。たとえば、ビジネスの新しい構想について同僚と話す場合、ふつうは自分の理解度を基準にする。筆者自身を例に挙げると、私はデジタルトランスフォーメーションについて微妙なニュアンスまでよくわかっているので、ほかの人も同じ経験があり、自分のように簡単に理解できるだろうとつい考えてしまう。

その結果、私たちはコミュニケーションの場で頭字語や略語、その他の専門用語をよく使う。同じ分野にいる人なら誰でも理解できるはずの単語やフレーズや言い回しを。

そしてつい、仲間内ならわかりきっていることが、ほかの人にとってはそうとはかぎらないことを忘れてしまう。私たちは何かをとことん考え抜いたり、それについて大量の情報を集めたりするが、ほかの人は同じ立場にいないかもしれないことに考えが回らない。

だから、相手を置き去りにするような話し方をすることがよくある。例として、最近、ファイナンシャルアドバイザーと話したときのことや、整備工場でメカニックと話したときのことを思い出してほしい。彼らは、ある投資を指して「これはキャピタルコールとはちがいます」と言ったり、「このドライブシャフトは、標準的な馬力とトルクに対応する仕様で設計されているんですがね、いまの車は標準よりもはるかに大きなパワーを出すもので」と言ったりしたかもしれない。彼らにとってはわかりきった話なのだろうが、素人にとっては外国語を聞かされている気分になる。

　こうした現象には呼び名がある——「知識の呪い」だ。[5] 何かについて知れば知るほど、ほかの人も同じように知っていると思い込み、その結果、他人とのコミュニケーションがうまくとれなくなる状況を指す。

　原因は抽象性にある。

　人は何かについて深く知るほど、自然と抽象的に考え始める。「新しい発想を創造するプロセス」を「アイディエーション」と呼び、「なぜあなたの会社から買うべきかを明らかにすること」を「価値提案の定義」と呼ぶようになる。タイラーやマリア、デレクたちおおぜいの新入社員は、「人的資本」とひとくくりにされる。企業理念やマーケティング・プラン、特定の文化に関する文書には、こうした抽象的なことばがあふれている。

　特定の業種にかぎらず、ほとんどの分野で同じことが言える。メカニックは機械の専門用語を話し、教師は教育の専門用語を話し、ファイナンシャルアドバイザーは金融業界の専門用語

抽象的		具体的
パンツ	➡	ジーンズ
返す	➡	返金する
家具	➡	テーブル
その品	➡	そのTシャツ
とても	➡	よだれが出そうなほど
いい人	➡	温かい人
行く	➡	歩いていく
問題を解決する	➡	不具合を修理する

を話す。腕のいい医師なのにコミュニケーションは下手なこともよくある。問題を理解しているのかもしれないが、抽象的なことばで説明するため、解決策が相手にまったく理解されない(運動の回数を増やすように言えばいいのに、生活習慣の改善にまつわる専門用語をまくし立てるのも、これ)。

抽象的な表現を具体的な表現に変えてみよう。話す相手が同僚やクライアント、生徒やセールスパーソン、患者やプログラムマネジャーの誰であっても、抽象的なアイデアを具体的なことばで表現し、実際の中身をイメージできるようにしなければならない。こちらの言っていることを相手が理解し、それに基づいて行動できるように手助けするのだ。

「電話機」についての話を聞くのは、「デバイス」について聞くよりも理解しやすいだろう。車も、「スポーツタイプ」「色は赤」「オープンカー」と描写すれば、より鮮明なイメージが伝わる。また、来店客からリクエストされたLサイズの品を探しに行く際、「調べてきます」と言うよりも、「裏の倉庫まで行って在庫を見てきます」など、より具体的で明快なことばを使うことで、リクエストに全力で取り組んでいる姿勢を来店客に納得してもらいやすくなる。

文章がどれくらい感情的か、どれくらいむずかしい語彙を使っているかなど、複数の観点から分析するサイトがある。観点のひとつとして具体性も含まれているので、ここで紹介しておく［ただし対象は英文のみ］。http://textanalyzer.org/

売り込み（ピッチ）は抽象的にせよ

ここまで、具体性が有益である理由を述べてきた。具体的なことばは、相手の話を聞いているシグナルとなり、物事を理解しやすくし、謝罪などの場面では申しわけないと思う気持ちをより強く伝えることができる。

だが、どんなときでも具体的なことばのほうが望ましいのだろうか？　抽象的に言うほうが適した状況はないのだろうか？

近ごろは、どちらを向いても巨大な評価額をもつスタートアップが目に入る。

2007年、サンフランシスコのアパートメントの家賃に困ったブライアン・チェスキーとジョー・ゲビアは、デザインをテーマにした大規模なカンファレンスのために街を訪れた人たちに、居間の床に敷いたエアマットを宿泊場所として貸し出すようになった。彼らの創業した会社〈エアビーアンドビー〉はいまや1000億ドル以上の企業価値をもつ。また、ほぼ同等の価値をもつ配車サービスの〈ウーバー〉も、もとはタクシーを拾えないという不満を抱いていた仲間ふたりがその不満をアプリに展開した結果だった。ほかにも〈ドロップボックス〉〈ドアダッシュ〉〈スティッチ・フィックス〉〈クラスパス〉〈ロビンフッド〉〈ワービー・パーカー〉〈グラマリー〉〈インスタカート〉〈オールバーズ〉など、ユニコーン企業［企業評価額が10億ドル以上の非上場ベンチャー企業］がひしめいている。

だが、スタートアップがユニコーンになるまえに、起業家はまず資金を調達しなければならない。アイデアを練るだけでなく、アーリーステージの投資家［スタートアップの最初期の段階で資金を出す投資家］を説得して事業の立ちあげと初期費用のための金を提供してもらわなければならない。

ただし、資金調達は生半可なことでは成功しない。スタートアップの成長を支援するテクノロジー系アクセラレーターとして有名な〈Yコンビネータ〉には、年間2万社以上のスタートアップから申し込みがあるが、出資を受けられるのは数百社に過ぎない。他のベンチャーキャピタルファンドが支援するスタートアップの数はもっと少ない。

起業者は、ピッチ［出資者候補に向けた初期の簡潔な事業紹介資料］を作成し、プレゼンテーション資料をまとめ、資金調達の申請書を提出するが、投資家にアピールするピッチとそうでないピッチを分けるのはなんなのだろうか。なぜ、何人かは出資の獲得に成功し、ほかの多くは失敗するのだろうか。

2020年、ハーバード・ビジネス・スクールの教授を中心とした研究チームが、あるベンチャーキャピタルに提出された、1年間分の資金調達申請書を分析した。[6] そのベンチャーキャピタルは、ビジネスの拡大を模索しているアーリーステージの企業に資本参加することを検討していた。探していたのは、いまはまだ雛《ひな》でも大きく羽ばたく可能性のある企業だ。各スタートアップにまず最大200万ドルを、のちの資金調達ラウンドで500万ドルから1000万ドルを投資する用意があった。

当然ながら、大量の応募が寄せられた。テクノロジー、金融、医療、B2Bサービスなどさまざまな分野のスタートアップから1000件を超える応募があった。会社の基本情報や創業チームの人物情報に加えて、事業計画の概要書が添えられている。

たとえば、血中アルコール濃度を追跡するウェアラブルデバイスの製造を目指している企業のピッチにはこう書かれていた。

酒を飲む人の多くは、飲みすぎた翌朝に目を覚まし、ああ、あの最後の1杯をやめておけばよかったと思った経験があるでしょう。二日酔いに苦しんだり、ダイエットを台無しにしたり、昨夜の出来事を思い出せなかったりするかもしれません。それでも彼らはアルコール依存というわけではなく、酒をやめたいと考えているわけでもありません。彼らが望むのは、楽しく酒を飲むことと、翌朝、不快に目覚めることのあいだの境界線を知るためのツールです。当社は、そのようなツールを利用者に提供します。

設備リースを業務の柱とした金融テクノロジー企業のピッチは、次のように書かれていた。

（当社の目標は）今後4〜5年のあいだに起こると予想されるリースの会計処理方法の変更に対応するため、中小企業が手軽に使えるソリューションを開発することです。現在のリース会計処理方法は30年以上前に策定されたもので、借り手はリース料のほとんどを貸借対照表から取り除くことが可能でした。このような規定は企業の真の財務状況を反映していないとして、長年にわたり批判されてきました。会計基準審議会が最近公開した草案によると、借り手にリースの資産計上を要求することで、この問題に対応しようとしています。言い換えると、リースを貸借対照表に計上せよということです。

投資家たちは、各スタートアップのピッチを読み、資金調達申請にどう返答するかを整理した。各社に成長の見込みがあるか（規模の拡大を期待できるか）を判断し、そのスタートアップを資金調達の対象として検討するかどうかを決定していった。

ハーバードの研究チームは、資金調達の決定に何が影響したのかを理解するために、さまざまな要因を調査した。スタートアップの業種、企業向けか消費者向けか、有形の製品を提供するのか無形のサービスを提供するのか、創業チームの規模など、さまざまな観点から測定した。

当然ながら、業務内容は重要な役割を果たしていた。ある業界には高い成長性が見込まれる一方、もともと成長が見込めない業界もある。同様に、スタートアップが何を提供しているかも重要だった。サービスよりも製品のほうがスケールアップしやすいと見なされた。

加えて、研究チームは、企業そのものや事業分野だけでなく、申請者がどんな内容のことをどんなふうに表現したかも分析の対象とした。

ピッチのことば遣いそのものはあまり重要でないと思う人もいるかもしれない。結局のところ、出資を獲得できるかどうかは、そのスタートアップの業種や、強力なリーダーシップを発揮できる創業チームの有無に大きく依存するのだから。

　だが、ほかの要因を考慮してもなお、ピッチのことば遣いは投資決定に強い影響を及ぼしていることが判明した。より抽象的なことばを使ったピッチのほうに、投資家はその企業の潜在力とスケールアップの可能性をより強く感じたのだ。そのため、そうした企業は資金調達の最初の関門を突破する確率が高くなり、出資を獲得する可能性を押しあげた[*]。

　これを私は意外に思った。ベンチャーキャピタルは、数十社のスタートアップに何千万ドルも投資してきたその道のプロだ。上場して数十億ドルの値がついた企業も、数カ月で瓦解したアイデアもどちらも見てきている。だからこそ、創業者がピッチで使うことばという単純な要素が投資判断を左右する事実に興味を惹かれた。

　だがそれ以上に驚いたのは、出資を増やしたことばの種類が抽象的なほうだったことだ。まえの節で見たように、具体的な表現には、理解を深めたり、記憶に長く残したりなど、さまざまな効果があった。ではなぜ、具体性の低いことばが出資を増やしたのか？

＊　これは、女性の創業者がベンチャーキャピタルからの資金調達に苦労すると言われることにも関係がある。どちらかといえば、女性は具体的な表現を使い、いま進めようとしているビジネスを売り込む傾向があるのに対し、男性は抽象的な物言いをつうじて、将来的に事業をどのように展開していくか、より大きなビジョンについて語る傾向がある。

それは、未来の展望を伝えるのに適した話し方があるからだ。これまで述べてきたように、具体的なことばは品物や行動、イベントなど、観察可能なものと関連することが多い。いまここに存在していて、見たり、触ったり、感じたりすることができるものだ。

だからこそ、具体的なことばが役立つ場面は多い。話の内容をイメージしやすく、複雑なトピックも理解しやすくなる。たとえば、ピッチという舞台では、具体的なことばを使うことで、そのスタートアップがどんなビジネスをしていて、解決しようとしている問題がなんなのかを、潜在的な出資者に理解してもらいやすい。

だが投資家が資金を出すかどうかを決めるときの最大のポイントは、事業内容を理解することではない。むろん理解しようとはするが、だいじなのは、事業の可能性、すなわち、生き残れるかどうか、さらには大化けするかどうかなのだ。その事業は将来、どの程度成長しそうか。そここか、躍進か。スケールアップの道は険しくないか。

たしかに、具体的なことばは込み入ったトピックをわかりやすく伝え、相手の理解を深めるのに適しているが、企業の成長可能性を評価するような状況には抽象的な表現のほうが向いている。具体的なことばはいまここにある具体的な物事に焦点を当てるのに対し、抽象的なことばはより大局的なものに焦点を当てるからだ。

例として、配車サービスで有名なウーバーの場合を見てみよう。2009年の設立時、事業を次のように簡単に説明することができた。「タクシーを簡単に呼ぶためのスマートフォンアプリです。乗客とドライバーを結びつけ、双方の待ち時間を短縮します」。申し分のないほど正確な説明であり、この会社が何をするのかをうまく言い表している。また、かなり具体的だ。ウーバーのビジネスの本質を理解してもらいやすい表現になっている。

だが、ウーバーのビジネスはほかの説明の仕方も可能だ。じつは、共同創業者のひとりは、まったく別の視点でとらえていた。彼は、ウーバーを「便利で、信頼性が高く、誰でも簡単にアクセスできる交通ソリューション」と説明したのだ。

見方によっては、ふたつの説明のちがいは些細《ささい》に思えるかもしれない。どちらを読んでも、ウーバーが立ちあげようとしているビジネスがある程度わかる。だが、ひとつ目はかなり具体的にビジネスを説明しているのに対し、共同創業者が実際にピッチでおこなった事業説明はもっと抽象的だ。配車サービスという狭い領域にフォーカスするのではなく、「交通ソリューション」と呼ぶことで、ウーバーが解決しようとしている問題の大きさを際立たせた。

その結果、潜在的な市場規模がより大きく見え、投資額も大きくなった。

「配車サービスのアプリ」という表現でも、それを必要とする人や、それが役立つ場面をある程度は思いつけるだろう。だが、「交通ソリューション」と聞いたら？　潜在市場が一気に大きくなる。膨大な数の人や企業が使うだろうし、応用範囲も広大になるとの期待が膨らむのだ[*]。

「ぼくらは、フィンテック分野のありきたりのスタートアップではないですよ、ソリューションの提供者なのです」。「私たちは、そこらのデバイスビルダーではなく、生活の質の改善者《ライフインプルーバー》です」。それが投資家に伝わった。

狭い部分にフォーカスした具体的なことばではなく、抽象的なことばを用いることで、市場が広大に見えるようになる。ということは、成長性が大きいということであり、投資先としてより有望ということにつながるのだ。

これまで見てきたように、具体的なことばと抽象的なことばのどちらが適しているかは、達成したい成果によって変わってくる。

複雑な考えを理解してもらいたい、話を聞いてもらったと感じさせたい、言った内容を憶えさせたい――このようなときには、具体的なことばを使うほうが効果的だ。形容詞（例：正直な、積極的な、有益な）ではなく、行動にフォーカスした動詞（例：歩く、話す、助ける、改良する）を使うのも具体的に表現するひとつの方法だ。また、物理的な実体のあるものについて話したり、イメージしやすい話し方をしたりするのも、言っていることを相手に理解してもらう助けになる。

一方で、提示するアイデアの将来性に気づいてほしいとか、先見的なビジョンをもつ人物だと思われたいような場合には、抽象的なことばのほうが効果的となる。

また、抽象的なことばを使える人物は、有能で、より優れたマネジャーやリーダーになる資質があることが研究からわかっている。[7] 日常の活動を説明するのに抽象的なことばを使うと（「挨拶をしない」ではなく「反感を示す」と言うなど）、その人が大局的な視点をもち、説得力を備え、他者を率いる能力と物事をコントロールする能力に長けているという印象を与えることができる。同様に、商品をより抽象的に表現する人（「ビタミンがたくさん入っている」ではなく「栄養価が高い」と言うなど）は、経営者やリーダーによりふさわしい資質を備えていると見られる。

抽象的なことばは、聞き手の記憶に残りやすかったり、複雑な考えを理解したりするのに役

＊ また、抽象的なことばを使うことで、創業者が将来を見据えたビジョナリーであるように思わせる効果もある。いま存在する事業に焦点を当てるだけでなく、将来どのように存在するかにも焦点を当て、また、いまがどんなものかだけでなく、将来、どんなものになれるかまで考えを巡らせている人物だと見られる。何ができるかについて、そして時間とともに事業がどのように成長・拡大していくかについて、広い見地から考えている人物だという印象を与える。

立つだろうか？　おそらく、そうではない。だが、誰に投票するかや、誰を管理職に昇進させるかを決める状況では、抽象的な言い方をする人のほうが好意的に見られやすい。

一般に、言い方をより具体的にしたい、あるいはより抽象的にしたい場合には、「どのように（How）」あるいは「なぜ（Why）」を意識するアプローチが有効だ。

具体的にしたい場合には「どのように」にフォーカスしよう。その製品は「どのように」消費者のニーズに応えるのか。提案中の新しい構想は、重要課題に「どのように」対処するのか。何かを「どのように」するか、あるいは何かが「どのように」なるかを考える際には具体化が促される。実現可能性を意識するので、具体的な描写が生まれやすい。

抽象的にしたい場合には「なぜ」にフォーカスしよう。その製品が消費者のニーズを満たそうとする理由はどこにあるのか。提案中の新しい構想は、「なぜ」その重要課題に対処しようとするのか。何かが「なぜ」いいのか、あるいは何かが「なぜ」適切なのかを考える際には、抽象化が促される。望ましい姿を意識するので、抽象的な描写が生まれやすいのだ。

第4章のまとめ

ことばのもつ具体性のパワーを理解し、その場にふさわしいことばを選べば、よりよい仕事につながり、人間関係の改善にも役立つ。

達成したい成果に合わせて、具体的なことばと抽象的なことばを使い分けられるようにしたい。

1 人の心をつかみ満足を与えるのは具体的なことば

相手の満足度を高めたいなら、具体的で明確なことばで会話しよう。相手の話を理解したことを伝える「シグナルの発信」が肝となる。顧客と対話するときや、他人とのつながりを深めたい場合には具体的なことばが有効だ。

「どのような（How）」にフォーカスして話せば、物事の実現の可能性や着地点を具体的に伝えることができる。

2 他人が理解しづらいことばを使わない

何かについてよく知っているときはとくに、自分にとって心地よい概要レベルの話をしたり、専門的なことばを使ったり、内輪でのみわかり合えることばで話しがちだが、これは的外れなことも少なくない。

コミュニケーションをうまく進めるためには、聞き手が頭のなかでイメージしやすいことばを選ぼう。

3 大きなアイデアは抽象的なことばで

相手に力強い印象を与えたかったり、自身の成長の可能性を感じてほしかったりするときは、抽象的なことばのほうが適している。

「なぜ（Why）」にフォーカスして、物事の背後にある理由を考えながらことばを繰り出そう。物事を大局的にとらえ、全体像を伝えている印象を与えられる。


「具体的」なことばと「抽象的」なことばの使い分けは、そのコミュニケーションが目指すゴールによるということがわかった。

次は少し方向性を変えて、ことばに含まれる「感情」の働きについて説明しよう。

第5章

「感情」のことばは成功のカギ

カリフォルニア州ウェストコビーナで育ったガイ・ラズは、ジャーナリストになるのが夢だった。新聞や雑誌の記者になりたくてたまらず、最も優秀な人たちはシカゴ・トリビューン紙のような場所からキャリアをスタートするものだからと、彼もそこを志望した。だが採用されなかった。ダラス・モーニングニュース紙やボルチモア・サン紙、その他の新聞社にも応募したが、どこも雇ってくれなかった。

22歳のとき、同期の卒業生の多くがコンサルティングや金融などの高給取りの仕事に就くなか、ガイは賃金水準で言えば真逆の仕事に就いた——インターンだ。印刷メディアの世界には就職できなかったので、ラジオ番組制作会社でのインターンとなることを受け入れ、そこで働き始めた。

それでも記者になりたい夢をあきらめていなかった。空き時間を見つけては、読んでくれそうな人なら誰に向けてでも記事を書いた。さまざまな媒体に送り、掲載先として多かったのはワシントンＤＣで発行される傍流の無料週刊紙だった。

志をもちつづける一方で、職場でもコツコツと努力し、昇進を重ねていった。制作アシスタントから、スタジオ・ディレクターになり、やがて外国特派員に任命される。東ヨーロッパとバルカン諸国を担当し、ＣＮＮのエルサレム特派員となり、アメリカに戻ったあとは国防総省《ペンタゴン》と米軍を担当した。

現在にまで時間を進めよう。ガイの名前を知らない人でも彼の声は聞いたことがあるのではないだろうか。２０１３年、ガイは「ＴＥＤラジオアワー」のホスト兼編集ディレクターとなった。２０１６年には、起業家向けポッドキャスト「How I Built This（起業家の歩んだ道）」を開始し、以来、「Wisdom from the Top（トップに学ぶリーダーシップ）」「Wow in the World（世界の不思議）」「The Rewind（過去の振り返り）」などの人気番組を立ちあげ、司会を務めている。ポッドキャスト史上初めて、最もダウンロードされたトップ20番組に3番組をランクインさせたほか、リスナーは毎月２０００万人を超え、歴代のポッドキャスターのなかでも指折りの人気を誇る人物だ。

ガイのポッドキャストを聴けば、人気の理由がすぐにわかる。話術がすばらしいのだ。つい引き込まれてしまう。

もともとおもしろいトピックもあるが、そうでなくても、ガイはなんでも魅力的な物語に仕立てあげる不思議な力をもっている。掃除機の発明から石鹸《せっけん》会社の設立まで。ドイツの天体観測者から人間の嗅覚の仕組みまで。

海外特派員としての年月を経るうちに、ガイはその能力に磨きをかけてきた。その日最大のニュースの裏にある、個人の物語やヒューマンドラマを見つけるのがじつにうまい。

その過程で彼は、優れた物語には共通点のあることに気づいた。どんなトピックでもおもしろくするための材料やガイドラインがあるのだ。その共通点を探るために、まず、ガイのインタビューのなかでうまくいかなかったものから始めることにしよう。

ガイは数年前、著名な起業家でネイティブアメリカンのデイブ・アンダーソンにインタビューした。伝統的なスタイルのバーベキューが売りのチェーン店〈フェイマス・デイブズ〉を創業し、家族連れに人気のテーマパーク型レストラングループ〈レインフォレスト・カフェ〉の設立にも貢献した人物だ。

起業家向けポッドキャスト「How I Built This」の全エピソードと同様、インタビューはデイブの成功の物語が中心になると思われた。人口2300人の町で始めた1軒のバーベキュー小屋が、いかにして200軒近い店舗をもつ食の帝国になったのか。

ところがガイは、デイブの失敗談を追いつづけた。やり手ではなかった石油のセールスマン時代。潰れてしまった彼の生花店。いったん〈フェイマス・デイブズ〉を去ったあと、復帰しようとしたときに、役員会に拒否されたこと。

デイブを取り巻く雰囲気が緊張し始めた。やがてデイブは目に見えてイライラしてきた。ついにはインタビューを遮って叫んだ。「なぜ人の失敗ばかりつつこうとするんだ⁉」

デイブは不意を突かれたのだ。華々しい部分だけを集めたインタビューになると思っていたのに、その予想とちがったため、司会者のガイが自分を笑い物にしようとしていると感じた。デイブは、しでかした失敗の数々を話したくはなかった。とりわけ、何百万人ものリスナーがいるまえでは。言うまでもなく、彼はこのインタビューを嫌い、腹を立てて帰っていった。

デイブだけではない。とくに公の場では、誰だって自分の成功に注目してほしい――顧客を獲得した、売上を伸ばした、大物を口説き落とした。人生のスポットライト、うっとりとした高揚感。SNSはまさに人生のベストアルバムのような場所だ。この人は昇進した、あの人はカリブ海のバルバドスでバケーション中、誰それは新車を買った、賞をもらった、界隈《かいわい》で認められた――。

私たちは、磨きあげた選《え》りすぐりのイメージを広めれば、みんなに好かれると考えている。印象に残り、もっと知りたいと思わせ、雇う価値がある人物だと見てもらえると。

この直感は本当に正しいだろうか？

しくじり効果

１９６６年、行動科学者のグループが、失敗に関する実験をおこなった。[1] ミネソタ大学の学生に、大学の雑学コンテストを控えた「出場者」（実際には俳優）の音声を録音したテープを聞いてもらった。

その「出場者」はあまり優秀ではなかった。クイズの正答率は30％しかなく、機転が利くようにも感じられない。

もっと悪いことに、その「出場者」は、一部の学生が聞くテープのなかで、別の失敗をしていた。自分の真新しいスーツにコーヒーをこぼしてあわてる様子が録音されていた。

つまり、一部の学生は、「出場者」がコーヒーをこぼす音の入ったテープを聞き、一部の学生は「出場者」がコーヒーをこぼしていないテープを聞いた。

粗相《そそう》の様子を聞いたかどうかは、「出場者」に抱く学生の印象に影響した。コーヒーをこぼした「出場者」に対する学生の印象は、こぼさなかったときよりも悪くなった。

だが、失敗はつねに悪いこととはかぎらない。というのも、「出場者」が優秀（クイズの正答率が92％）だと学生が聞かされていた場合には、失敗をしたことで「出場者」への好感度は下がるどころか、むしろ高くなったのだ。

同じコーヒーなのに、こぼしたときのインパクトがちがった。

この実験により、失敗そのものはよいものでも悪いものでもないことがわかる。インパクトの大小と質は、より大きな文脈に左右されるのだ。もともと能力のない人が失敗をすると、ネガティブだった印象がさらに悪化するだけだった。またか、という感じだ。

ところが、有能な人が失敗をすると逆の作用が働く。人は成功者には共感しにくいものだ。完璧な人とは自分とのつながりを感じにくい。だからこそ、失敗が助けになる。有能な人がたまにミスをすると、人間らしく見える。自分に近い、生身の人間として、より好感がもてるようになる。

司会者のガイがデイブに苦しいときの話をさせたがったのは、このいわゆる「しくじり効果」を知っていたからだ。ガイはデイブに恥をかかせたかったわけではないし、デイブのプライベートな問題を公にさらしたいわけでもない。ガイはただ、デイブを人間味あふれる人物に見せたかったのだ。リスナーに親近感をもたせるために。

ある人について知っていることが、人生で次々に成功を重ねてきたことだとしたら、その人に共感するのはむずかしい。自分とは異質な存在に見えて、親近感は湧かない。だがもし、その人が目のまえで失敗したり、過去に逆境を乗り越えてきたことがわかったりしたら、突然、自分とのつながりを感じることができる。

実際、番組放送後の数週間、何十人もの友人や同僚、顧客がデイブに連絡してきて、彼の正直な話しぶりに感銘を受けたと伝えた。彼らは、デイブの成功は知っていたが、そこに至るまでに味わった苦労には気づいていなかった。そうした苦労や厳しい時期の話を聴くことで、彼らは刺激を受け、希望をもったのだ。自分だってできないことはないと。

「しくじり効果」は、不完全さが財産になりうることを示している。ただしこれは、もっと大きな現象の一部を切り取ったに過ぎない。大きな現象とは、感情に働きかけたときに表れる効果のことだ。このあと、それを見ていこう。

ポジティブとネガティブを交互に置く

私たちの日常生活に物語は欠かせない。会議の成果がどうだったとか、週末に何をしたかとか、なぜ自分が特定の仕事にふさわしいと思うのかなど、さまざまな物語を人は語る。何かを主張するため、アイデアを売り込むため、あるいはただ友人に連絡をとるためのときもある。自分で語っていないときには、本や映画、ショー、ポッドキャストなどをつうじて他者の物語を消費している。

物語のなかにはほかより優れた、すなわち、おもしろく、魅力があり、人を惹きつけるものがある。聴衆を眠りに誘《いざな》ったり、気を散らせたりするのではなく、思わず椅子から身を乗り出し、次の展開を知りたくてたまらなくなるような物語だ。

人は昔から、よい物語とはどのようなものかを考えてきた。たとえば、『スローターハウス5』『猫のゆりかご』などの著者であるカート・ヴォネガットは、「物語には方眼紙に描けるような形がある」と述べている。*「単純すぎて安易すぎる」という理由で却下された彼の修士論文では、登場人物がたどる起伏をグラフ化することで物語の形状を視覚化できるという理論を唱えていたそうだ。

古典的な物語である「シンデレラ」を例にしてみよう。心優しいヒロインは愛する母を亡くし、そこから世界が激変する。父親が再婚した相手にはシンデレラより年上の娘がふたりいた。継母《ままはは》も義理の姉ふたりも腹黒で、シンデレラをつねにいじめる。さらには、父親がまもなく亡くなり、ひとり残されたシンデレラは彼女たちの召使いにされる。

だが、すべてが失われたかに見えたとき、事態は好転する。シンデレラを助ける魔法使い《フェアリー・ゴッド》の妖精《マザー》に出会い、城の舞踏会に行き、ハンサムな王子と恋に落ちる。だが12時の鐘が鳴ると、舞踏会から抜け出さなければならなかった。継母は、あとで捜しに来た王子からシンデレラを隠そうとするが、最後にはシンデレラと王子は再会し、ふたりの永遠の幸せを告げて物語は終わる。

ヴォネガットなら、シンデレラの物語の形状を次ページの図のように描いたかもしれない。この物語は暗い雰囲気で始まる。シンデレラの両親はふたりとも亡くなり、彼女は意地悪な継母の召使いにさせられる。次に、物語は上昇する（舞踏会に行って王子と出会う）が、再び下落する（12時を告げる鐘とともにその場を立ち去らなければならない）。再び上昇したところで高揚感あふれる結末を迎える。

＊ヴォネガットは、この考えを説得力をもって最初期に言明したひとりだが、テーマ自体は古代からあった。紀元前4世紀の時点ですでに、アリストテレスはすべての物語には軌跡とも言い換えられる共通のパターンがあり、おもに3つのパートに分けられると考えていた。１８６３年、ドイツの作家グスタフ・フライタークは、アリストテレスのモデルを土台とし、物語は5つのパートに分けられると提唱した――導入、上昇、クライマックス、下降、結末。最近では、物語理論研究家や言語学者、文学者、脚本の完成度を高めるいわゆるスクリプト（脚本）ドクターに至るまで、多くの人がプロットの構造や物語の形状について理論化している。

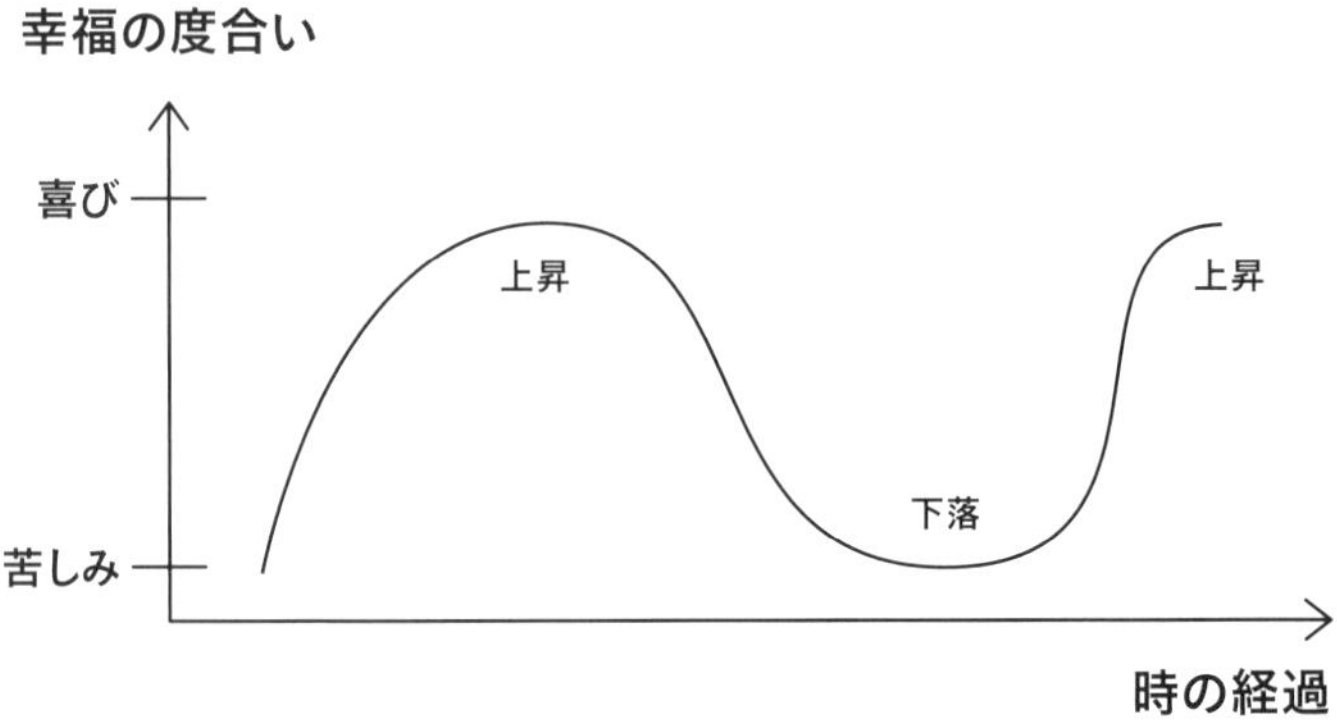

物語の重要性を考えたとき、物語には形状があるというアイデアは魅力的だ。ヴォネガットの提案から数十年にわたり、このアイデアは人の心をとらえてきた。ヴォネガットがさまざまな形状について語る映像が広がり、世のなかのすべての物語はいくつかの共通パターンでとらえられると興奮気味に報じる大手メディアもあった。

だが、この概念はたしかにおもしろいが、実際にその形を特定するのはいささかむずかしい。たとえば、シンデレラの物語にしても、この図のように感じる人もいれば、まったくちがうとらえ方をする人もいるだろう。

さらに、物語に形があったとしても、その形が実際に重要なのかどうかという疑問も湧く。物語にさまざまな種類があるのを知ることと、伝え方によって物語の魅力と影響力を高められるかどうかは別の話なのだ。

このような疑問を解決するために、同僚数人と私は物語を科学的に探究してみることにした。『フォレスト・ガンプ』や『マトリックス』のような大作から『レイクサイド』『ジェシカ・アルバの〝しあわせの方程式〟』のようなインディーズ映画まで、数万本の映画を分析するところから始めた。『ハンガー・ゲーム』や『アルゴ』のような比較的新しい映画も、『ジョーズ』や初代『スター・ウォーズ』のような20世紀に公開された映画も対象に入っている。

映画の形状を数値化するために、出現した単語を分析の手がかりにした。[2]

単語には、ポジティブな意味合いが強いものがある。「笑い声」「幸せ」「愛」「虹」はポジティブな単語と言えるだろう。[3]明るい場面で使われることが多く、これらの単語を聞いた人はおおむね明るい気持ちになる。

対照的に、「パンデミック」「葬儀」「残酷」「泣き声」といった単語はネガティブ度が高い。何かよくないことを連想させ、聞いた人の多くを暗い気持ちにする。

「とにかく」「繰り返し」「ピッツバーグ」などは中間的な単語だ。ポジティブな場面でもネガティブな場面でも使われ、多くの人をとくに喜ばせもしないし悲しませもしない（ピッツバーグという街が好きな人や嫌いな人は別にして）。

そこで筆者のチームは、映画の脚本を数百単語ずつ何十個かのブロックに分け、各ブロック

『スター・ウォーズ／新たなる希望』(エピソード4)

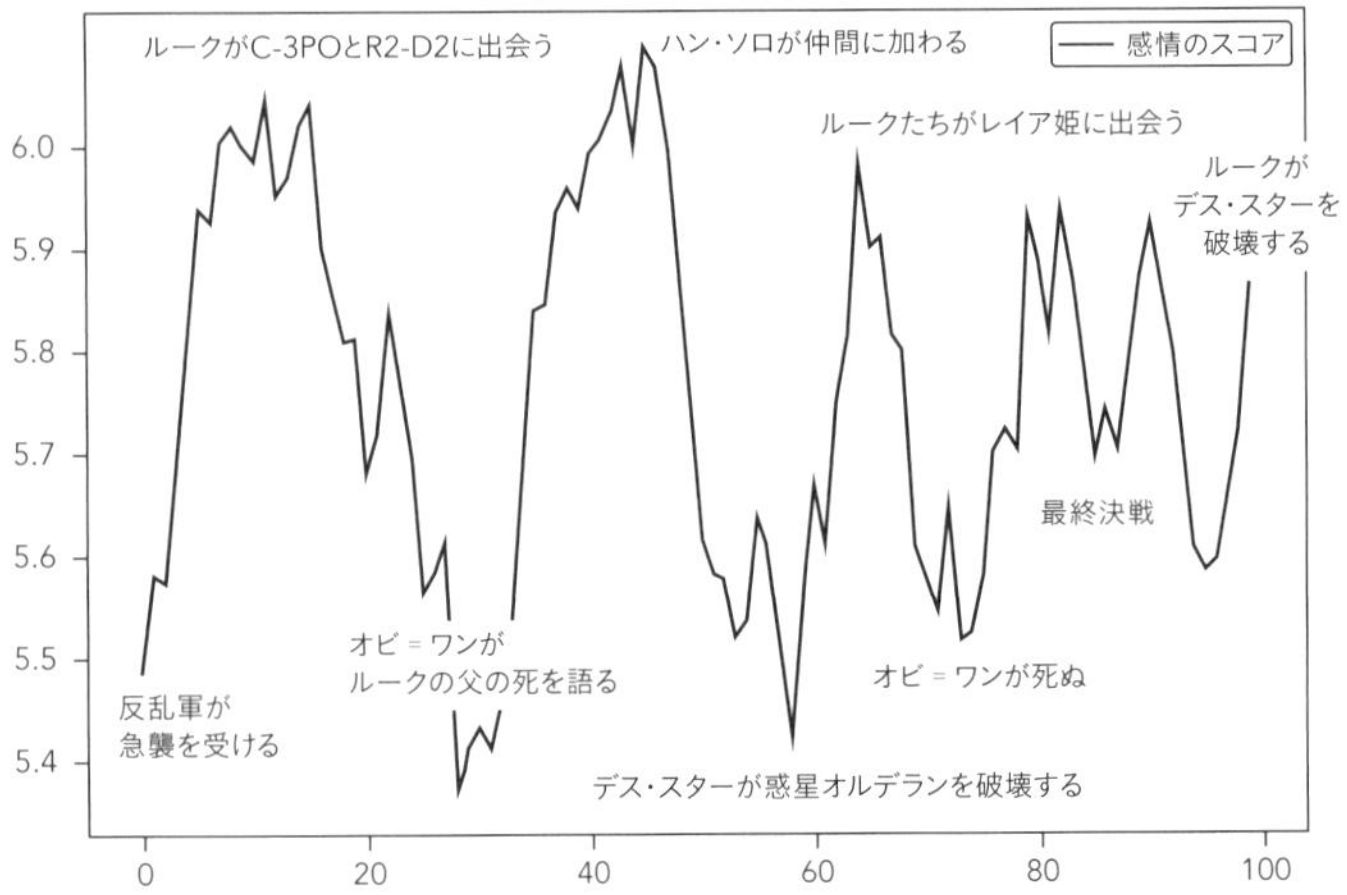

に含まれる単語のポジティブ度の平均を算出した[*]。去っていった恋人に再び巡り合ったり、友人と再会したり、幻の宝を発見したりするなど、登場人物が前向きな経験をする場合にはポジティブ度が高くなり、つらい別れや口論、ヒーローの危ない場面ではネガティブ度が高くなる。

結果をもとに、各映画の感情の軌跡をグラフにした。シンデレラのときと同様に、物語のブロックがそれぞれどの程度ポジティブあるいはネガティブなのかが一目でわかる。

雰囲気を知ってもらうために、初代『スター・ウォーズ』を例にとり、ここで感情の軌跡を図示しよう。

主人公のルーク・スカイウォーカーは、レイア姫を救い、悪の銀河帝国を倒すための旅に出る。ルークがハン・ソロと友情を育み、レイア姫を助けてデス・スターから脱出するときなど、ポジティブな場面がある一方、ルークの育ての親が殺されたり、ルークの師オビ＝ワンがほかの人を逃がすために自ら犠牲になったりするなど、ネガティブな場面もある。最後には、ルークがオビ＝ワンの声に助けられて敵艦を破壊し、仲間たちと勝利を祝うという、ポジティブな結末が待っている。**

ポジティブな単語やネガティブな単語は1個でははっきりわからなくても、何百個かの単語をまとめて調べると、何が起こっているのかをかなり正確につかめる。ルークの友人が殺される場面や、育ての親の農場が破壊される場面では、ほかにも数多くのネガティブな単語が使わ

---

* このような測定方法が正確なのか疑問に思うかもしれないが、人間による感じ方と高い相関関係をもつことがわかった。ポジティブ寄りあるいはネガティブ寄りと判定されたブロックは、それを視聴した人にも同じ感想を与える傾向があった。

** この測定法は完璧ではない。たとえば「殺す」という単語は、邪悪な敵を主人公が倒したとき（まさしくポジティブな瞬間）にも、誰かが主人公の親友を殺したとき（まさしくネガティブな瞬間）にも使われる。また、「破壊」という単語は、破壊したものが邪悪な敵の船なのか、主人公の育ての親の農場なのかを区別しない。だが個々の単語についてポジティブかネガティブかを正確に判断することはむずかしくても、ことばのブロックが表す感情をまとまりとして見ると、ポジティブなことが起こっているのかネガティブなことが起こっているのかがだいたいわかる。

れている。登場人物は悲しんだり泣いたり、憎しみや恐怖に震えたりする。だが、悪者が殺されたり、その船が破壊されたりすると、その近辺で使われる単語は明るい雰囲気になる。登場人物が何かを祝ったり、歓声をあげたり、踊ったり、抱き合ったりする場面では、単語のポジティブ度はさらに高まる。映画を観《み》ていなくても、脚本に書かれている単語からシーンの特性をつかむことができる。

このように、グラフ化することで、ヒットした映画に一定のパターンがあるのかどうかを調べることができるのではないか。

ほとんどの人はネガティブな体験よりもポジティブな体験のほうを好む。クビになるより昇進したい、まずいランチを食べるよりうまいランチを食べたい、歯医者に行くより友だちと遊びに行きたい。もし、理想の1日を訊かれたら、ほとんどの人はポジティブな体験で埋め、ネガティブな体験は除外するだろう。

だが、それではいい物語にはならない。

すばらしいことしか起こらない物語を想像してみてほしい。主人公はみんなの人気者で、ほしいものはなんでも簡単に手に入り、鳥が幸せの歌をさえずるなか、ヒマワリ畑ではしゃぐ……。そんな映画がもしあれば、感情の軌跡は左のようになるだろうか。

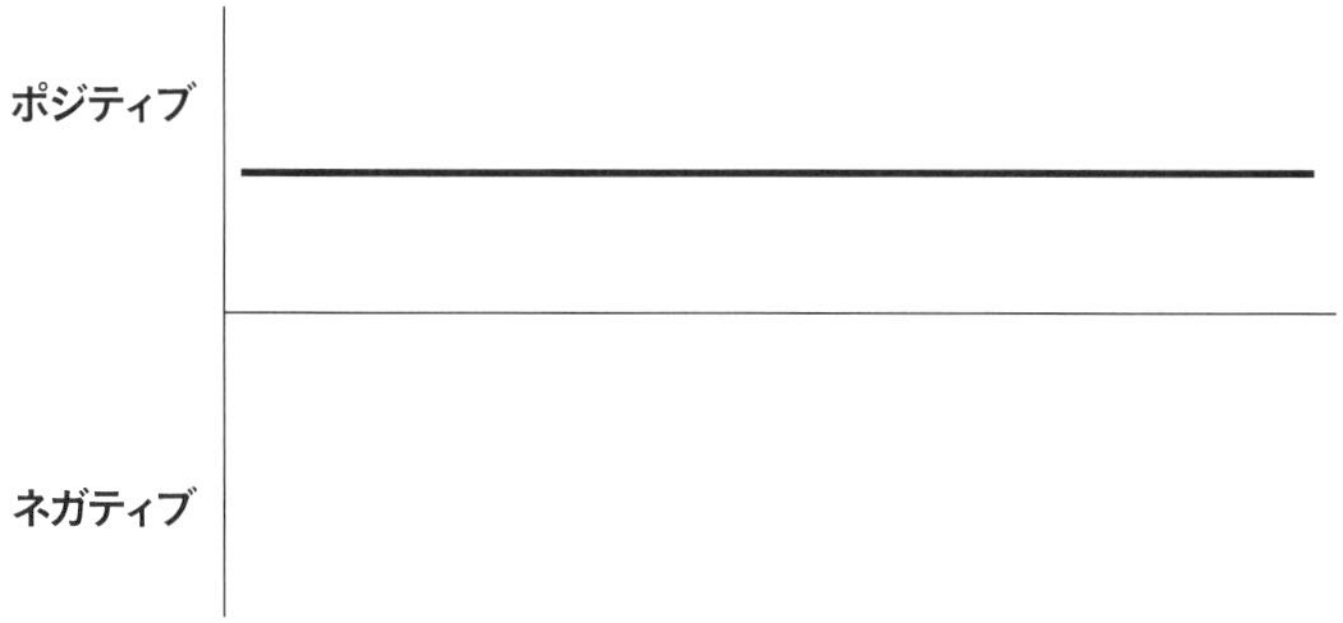

生命保険のCMならともかく、映画としてはどうか？　映画好きはおそらく、もっとましな映画を探しに行くだろう。

人はネガティブな体験よりポジティブな体験のほうを好むのがふつうとはいえ、本を読んだり映画を観たりするときに、ポジティブなことしか起こらないのではつまらない。物語というのは緊張感がたいせつだ。シンデレラは王子様と幸せになるのか、それとも一生、床を拭いて暮らすのか。ルークと反乱軍はデス・スターを破壊するのか、それともダークサイドに敗れてしまうのか。答えがわかれば、物語を最後まで追う必要はなくなる。何が起こるかわからないからこそ、私たちは結末まで追いつづける。

成功する物語の多くはどうも、似たような構成をもつようだ。登場人物がさまざまな試練や

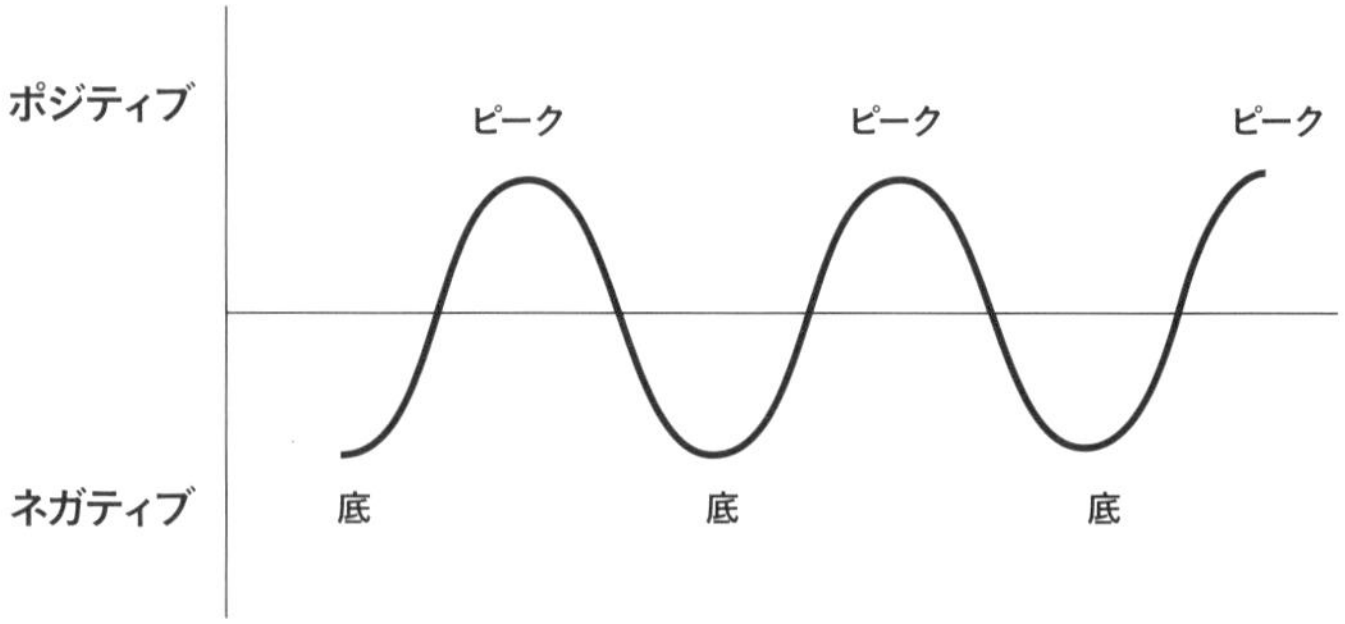

困難に打ち勝ってハッピーエンドを迎える。たとえば、『スター・ウォーズ』や『ハリー・ポッター』では、主人公は両親の死を乗り越えなければならなかった。旅の途中で仲間ができ、いい方向に物語が進み始めたように見えても、やがてまた悪いことに襲われる。主人公が最終目的地にたどり着くまでには、直面するさまざまな壁や段差をひとつずつ克服していかなければならない。

ここまで挙げた例や似たような例では、感情の軌跡が波のようなパターンを描いているように見える。山脈のように、高いところへじわじわと昇り、その後は低いところへじわじわと下り、そしてまた昇る。

実際に分析してみた結果、ポジティブな場面とネガティブな場面が交互に現れる映画のほうが、より成功していることがわかった。感情の起伏が最低から最高へ、また最低へと上昇下降を繰り返す映画のほうが好まれたのだ。

起業家向けポッドキャスト「How I Built This」でも、いちばん人気のあったエピソードは同じパターンだった。ある起業家が世界を変えうるすばらしいアイデアをもっていた。だが事業開始前に重要なサプライヤーが土壇場で手を引いてしまう。起業家はなんとか事業を立ちあげ、販売を始める。どうやらうまくいきそうだと思ったその瞬間、大手小売業者から注文のキャンセルを食らう。まるで天秤《てんびん》が右に左に傾くように、ポジティブな出来事があったとしてもすぐにネガティブな出来事で相殺されるのだ。

司会者のガイ・ラズの話術が優れているのは、このパターンを熟知しているからでもある。彼はたしかに起業家たちに成功の秘訣《ひけつ》を尋ねる。説得の末に獲得したクライアントや、建てた店、集めた客。

だが同時に彼は起業家の失敗についても尋ねる。うまくいかなかったこと、失った金《かね》、努力した挙げ句の袋小路、拒絶の数々。

華々しい経歴にこうしたどん底時代の話を交ぜることで、成功者に人間味が加わり、物語全体がおもしろくなるからだ。

会社を立ちあげ、とんとん拍子に成長させ、1億ドルで売却した人の話を聞いても、あまり

物語1

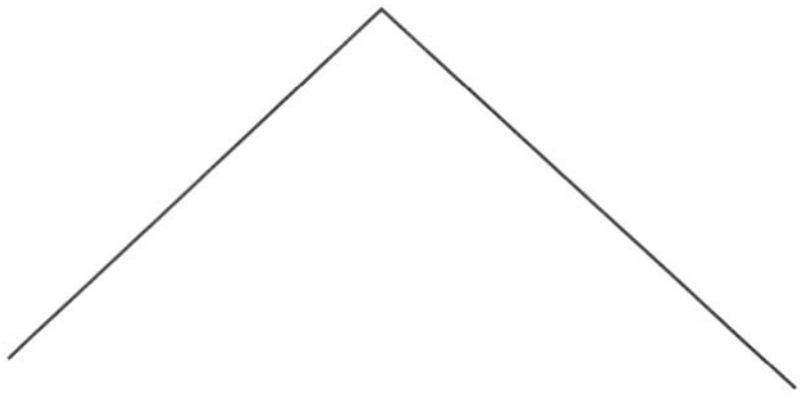

物語2

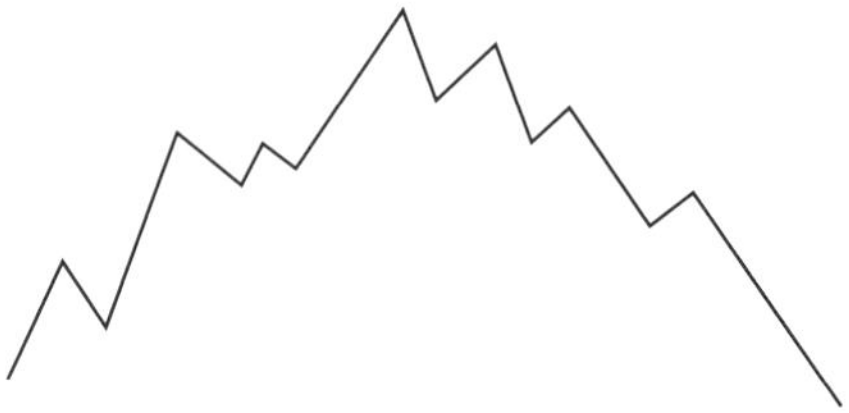

惹かれない。驚きがないうえ、共感しにくい。すぐに成功して、その後も成功しつづける人なんて、私たちのなかにほとんどいない。

だが、７年にわたって試作品をつくりつづけながら、どの段階で何をしても断られてばかりいた起業家の話を聞くのはどうだろう。あるいは、２７９の小売店から断られ、２８０店目でようやくＯＫをもらった人の話は？

こうした話のほうがおもしろい*。

どん底のつらい時期の存在が、高みをよりすばらしくする。シンデレラと王子様が幸せになるのを見るのはうれしいし、誰かのビジネスが軌道に乗るのを見るのもうれしい。だがその幸福感は、何かがほんの少しちがえば結末はちがったものになったかもしれないと感じられるときに、より甘美になる。

人を惹きつける予測不可能性

ハードルの高さを強調したり、底からピークへ、また底へと動くことで、物語はより魅力的になる。だが、われわれ研究チームにはそれ以外の発見もあった。まず、右ページの2種類の感情の軌跡を見てほしい。

どちらの図形も高低差は同じだが、軌跡がまったくちがう。物語1では、乗り心地はなめらかだ。物事が急転する直前のピークに到達するまで、ポジティブ度がどんどん増していく。坂はあるにしても、昇るときと降りるときがそれぞれ一貫している。

物語2は、かなりでこぼこしている。ピークの高さは同じだが、連続的に上昇し下降するのではなく、軌跡がぎざぎざしている。いったんポジティブな方向へ進んでもすぐにネガティブな方向へ戻り、またポジティブへ……を繰り返す。

上昇と下降が一度ずつの軌跡と、でこぼこした軌跡のどちらがよいのだろうか？

＊物語の魅力が増すだけでなく、リスナーが自分の人生に重ね合わせ、自分だってつらいことを乗り越えられると感じるからでもある。「あの人にできたのなら、私にできない理由がある？」

人はどんな状況に置かれても、驚くほど早く上手に順応する。恋人に振られたり、会社をクビになったりしても、やがて立ち直り、明るい何かを見つけ、ポジティブな未来に目を向けようとする。

幸せな状況でも同様だ。憧れの仕事に就けたり、夢の自宅を手に入れたりできればもちろんうれしいが、その興奮はまもなく冷めてしまう。

宝くじが当たった場合を考えてみよう。5ドルや10ドルではなく、数十万ドル、数百万ドルの大金が当たったと想像してみてほしい。どんな気分がするだろう？　あなたはもっと幸せになれると思うだろうか？

宝くじに当たるような体験は、自身の幸せにどんな影響を与えるかと尋ねると、ほとんどの人は同じ答えを返す。「ばかなこと訊きなさんな。当然、それまでより幸せになるに決まっている。何百万ドルも当たるなんて、途方もないことだ。請求書を全部払って、スポーツカーを買って、仕事をやめるのもいいね。宝くじが当たったら、もっともっと幸せになれる」

当選のメリットは明らかなように見えるが、現実はもう少し複雑だ。実際、さまざまな研究から、当選金額がかなり高額だったとしても幸福度にはほとんど影響を及ぼさないことが判明している。[4]

嘘のように聞こえるかもしれない。大金を手にしてそれが幸せを「大きくしない」などということがあるだろうか？　世界中の億万人が当選を願って宝くじを買っているというのに、その夢が実現したのに、幸福が大きくならないなんてありえるだろうか？

いわゆる「快楽順応」[5]という現象を長期にわたって追跡研究した結果によると、人は自らの状況に慣れてしまう。宝くじに当たるようなポジティブなことでも、事故に巻き込まれて怪我《けが》をするようなネガティブなことでも、人は順応し、やがて元の幸福度に戻るのだ。

人にはこうした順応傾向があるため、ポジティブなことをネガティブな何かで中断すると、かえって楽しみを強く感じるようになる。テレビCMもそうだ。ほとんどの人は番組がCMで中断されるのを嫌い、CMがなくなれば、もっと番組が楽しくなるはずだと思う。

だが、逆のことも言える。見たくないCMで邪魔されると、実際には番組が「より楽しく」なる。[6]楽しくない時間があることで、番組のポジティブな体験への適応（慣れ）がいったん中断されるからだ。

チョコレートチップを例にしてみよう。ひとつ目のチョコレートチップは、甘くて口のなかでとろけて、じつにうまい。ふたつ目もまあうまい。だが、4個、5個、10個と続けて食べれば、そうは思えなくなる。スイーツの幸福感に順応してしまうのだ。

一方、ポジティブな体験とそうでない体験が交じっていると、順応が遅れることがある。チ

物語1

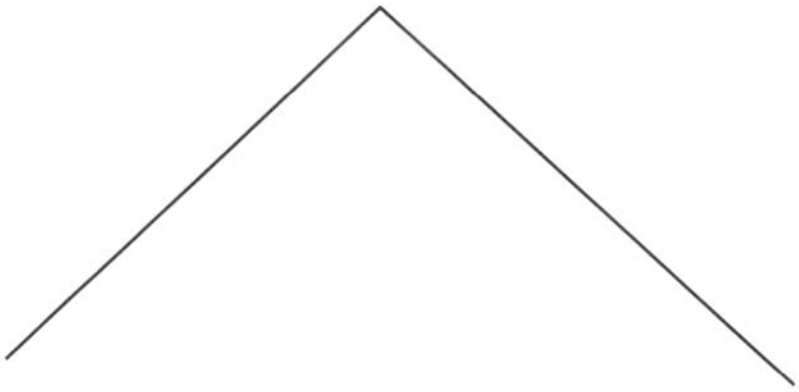

物語2

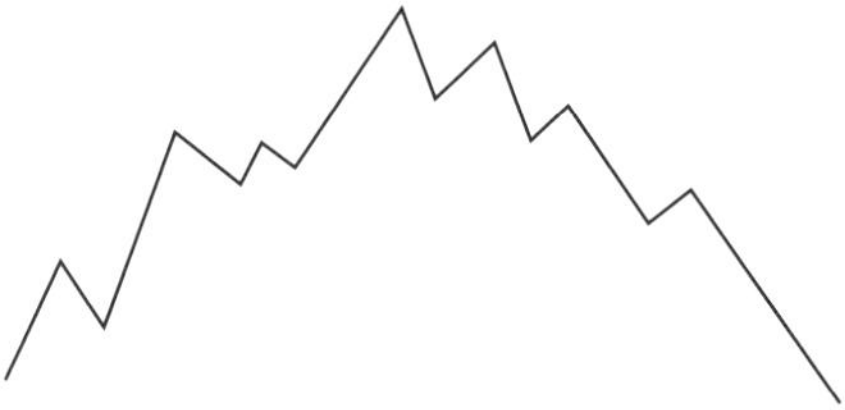

ヨコレートチップのあいだに芽キャベツを食べたり、テレビ番組の合間にCMを見たりすると、順応が妨げられる。あまりポジティブでない瞬間を挟むことで、次に来るポジティブな瞬間を新しく感じさせ、より楽しいものにできる。

金融の世界には、株や資産、市場全般の変動性を表す「ボラティリティ」という指標がある。ボラティリティの高い資産は、評価額の振れ幅が大きい。上がったり下がったりするタイミングが他の資産と比べて突発的であり、いつ何が起こるかを予測するのがとくにむずかしい。物語も同じだ。感情が揺れ動く物語は、展開を予測できない。全体として見ればポジティブなほうへ向かっているのかもしれないが、どの瞬間をとってみても、よくなるのか悪くなるのかがわからない。まえに挙げた図を再掲しよう。物語2のほうがよりボラティリティが高い。

この予測不可能性が、乗り心地を刺激的にし、おもしろいという気持ちを高める。数千本の映画を分析したところ、実際に、ボラティリティの存在が人を惹きつける大きな要素であることがわかった。観客は、次に何が起こるか予想できないので物語から目が離せず、その結果、視聴体験をより楽しむことができる。

優れた物語はジェットコースターのようなものだ。これまで述べてきたように、平坦《へいたん》な道をまっすぐ進むだけではつまらない。大きな高低差があるからこそ、わくわくするのだ。

さらに、高低差だけでなく、瞬間ごとの細かい変化もだいじだ。いまが、底の抜ける瞬間なのか？　頂上までまだ半分しか来ていないのか、すぐそこなのか？　この見通しのつかなさが、物語の魅力を引きあげる。*

＊　脚本家やプロデューサーは、映画のような複雑なものをわずか2、3個の要素で語ることはできないと言う。そして彼らは正しい。映画は複雑で、成功するかどうかは、俳優の演技や撮影技術、音楽、演出、プロットなど、さまざまなものに左右される。物語がいくらすばらしくても、配役がよくなかったり、演出が凡庸だったりすれば、観る人に響かない。とはいえ、映画は複雑だからと言うだけでは進歩がない。複雑であっても、よりよい作品にするためのアプローチはあるはずだ。

感情に関するこれらの知見を総合すると、かなりの確度をもっていくつか推測できる。

第一に、不完全さは財産になりうるということ。就職のための面接にしろ、人前で何かをするときにしろ、私たちは自分を完璧に見せたくて、しばしば弱点を隠そうとする。

だがそれは、必ずしもベストな行動ではない。すでに有能だと思われている人であれば、失敗を認めることは強みになりうる。たとえば、二次面接に進むような優秀な求職者なら、過去の失敗を率直に明かすことで、好感度はむしろあがる。仕事の遂行と結果に責任をもっていることを示すだけでなく、相手に親近感をもたせることができる。同様に、うまくいかなかった過去の経験を明かすことで、有能なマネジャーはいっそう部下から慕われる。

ただし、その失敗は小さなものであるべきだ。誰かの上着に何かをこぼしたなど、小さなミスは周囲の人に親近感をもたれるきっかけとなるが、仕事に直結するような大失敗はネガティブに受け止められるリスクがある。

第二に、失敗の経験は利用できるということ。「これまでの人生を振り返ってほしい」「経歴を説明してください」「あなた自身について話してほしい」などと頼まれると、人は華々しい場面ばかりに焦点を当てる傾向がある。失敗を恥と思って隠そうとし、自分をよく見せるには、過去のポジティブな言動を知ってもらうのが最善だと考える。

だがこの直感はつねに正しいとはかぎらない。誰にだってつらかった時期はある。誰もが失敗したり、目標に届かなかったりした経験をもっている。そのような負の体験を認めることで、自身への親近感を高め、自身の物語に共鳴してもらうことができる。

第三に、これらの考え方を踏まえ、どうすればよい物語を構築できるかを理解すれば、物語のつくり手としての技術を磨いていけるということ。ほとんどの人は、生まれながらに話し上手ではない。アイリッシュパブのバーカウンターで周囲に座っていた客を一気に虜《とりこ》にできるような人物ではないのだ。

それでも、訓練と実地演習を積めば、誰でも優秀なストーリーテラーの能力を身につけることができる。物語の動く仕組みと背後にある科学を理解することで、どんな物語でもインパクトを高めることができる。ハードルの存在を目立たせ、低いところから高いところへ、また低いところへ飛び移りつつ、感情の揺れ幅を強めるような瞬間を積み重ねることで、物語はぐっとおもしろくなる。

感情的なレビューほどお客を呼ぶ？

感情にはポジティブなものとネガティブなものがあることはわかったが、もうひとつ、気づきにくいが重要な側面がある。

金曜日の夜、あなたはレストランを選ぼうとしている。よく知らない場所に出張で来ているため、どこで食事をとろうかとネットを検索する。よさそうな店を見つけたが、1軒は改装のために休業していた。もう1軒は、料理はうまそうだが、ホテルから遠い。

そうこうするうちに、候補がふたつに絞られた。どちらも徒歩圏内にあり、値段も手ごろ、いま食べたいジャンルの料理を出す店だ。そこで、どちらかを選ぶために、ネット上の口コミを読んでみる。

どちらのレストランも、5点満点の4・7という高評価を得ている。1軒目のレストランのレビューには「びっくりするほどいい店。食事するのが楽しかった」と書かれている。2軒目のレストランのレビューには「完璧な店。食べに来るだけの価値があった」と書かれている。

あなたなら、どちらの店を選ぶだろうか？

1軒目と答えたかた、あなたにはお仲間がおおぜいいる。数百人に同じ質問をしたところ、65％の人が1軒目を選んだ。その理由は、肯定評価と感情評価のちがいに関係している。

レストランを選ぶときや商品を買うとき、あるいはとにかく何かを選択するとき、私たちは人の反応を考慮することがよくある。ほかの人はこのレストランを気に入ったのだろうか、けなしているだろうか。口コミのレビューは好意的か批判的か。

これは理に適《かな》っている。誰だって、いいレストランで食べたいし、ひどいレストランには行きたくない。ほかの人が気に入っているものを選び、ほかの人が嫌っているものは避けようとする。だから、他者の評価が高ければ高いほど、自分も同じような気持ちになれると期待する。

だが、物事をポジティブかネガティブか、いいか悪いかで判断するのは、じつはそう簡単ではない。たとえば、アメリカのレビューおよびレーティングサイト〈Ｙｅｌｐ〉を見ると、レストランレビューの半数近くは満点の星５個であり、アマゾンの商品レーティングの平均は星４・２個だ。ほとんどの商品やサービスが星４つか５つなら、レビューを選択の参考にするのはかなりむずかしい。

さらに、星の評価の高さが必ずしも商品の質と連動しているとはかぎらない。たとえば、アマゾンで販売されている１００以上の商品カテゴリを調べた結果、商品の品質とアマゾンの評価にはわずかな関係しかないことが判明している。[7] 同様に、書籍の多くのジャンルでも、アマゾンの評価の高さと売上とのあいだにはほとんど関係がない。[8]

では、肯定評価だけでは品質や成功を測る尺度にならないとすれば、何が尺度となるのだろうか。

以下に、似たような感情表現をふたつずつ並べる。

えも言われぬ／最高の
びっくりするような／注目に値する
幼稚な／不明瞭な
むかつく／非常識な

たとえば、「えも言われぬ」と「最高の」は、何かが本当にすばらしいことを示唆し、「びっくりするような」と「注目に値する」は、何かがいいものであるが「えも言われぬ」や「最高の」と評するほどではないことを示唆する。実際、数百人にさまざまな単語のポジティブさ（肯定評価度）をランクづけしてもらったところ、「えも言われぬ」と「最高の」はともに9点満点中8・4点を獲得し、ポジティブな単語の最高位にランクインした。

同様のことが、ネガティブなペアにも当てはまる。「むかつく」と「非常識な」は、何かが本当に悪いことを示唆し、「幼稚な」と「不明瞭な」は、何かが悪いものであるが「むかつく」や「非常識な」と評価するほどひどくはないことを示唆する。

ところで、各ペアの単語は同程度の「よさ」「悪さ」を表しているが、別の切り口で見るとちがいがある。それは「情緒性」、つまり感覚や感情的な反応が意見に表れている度合いを切

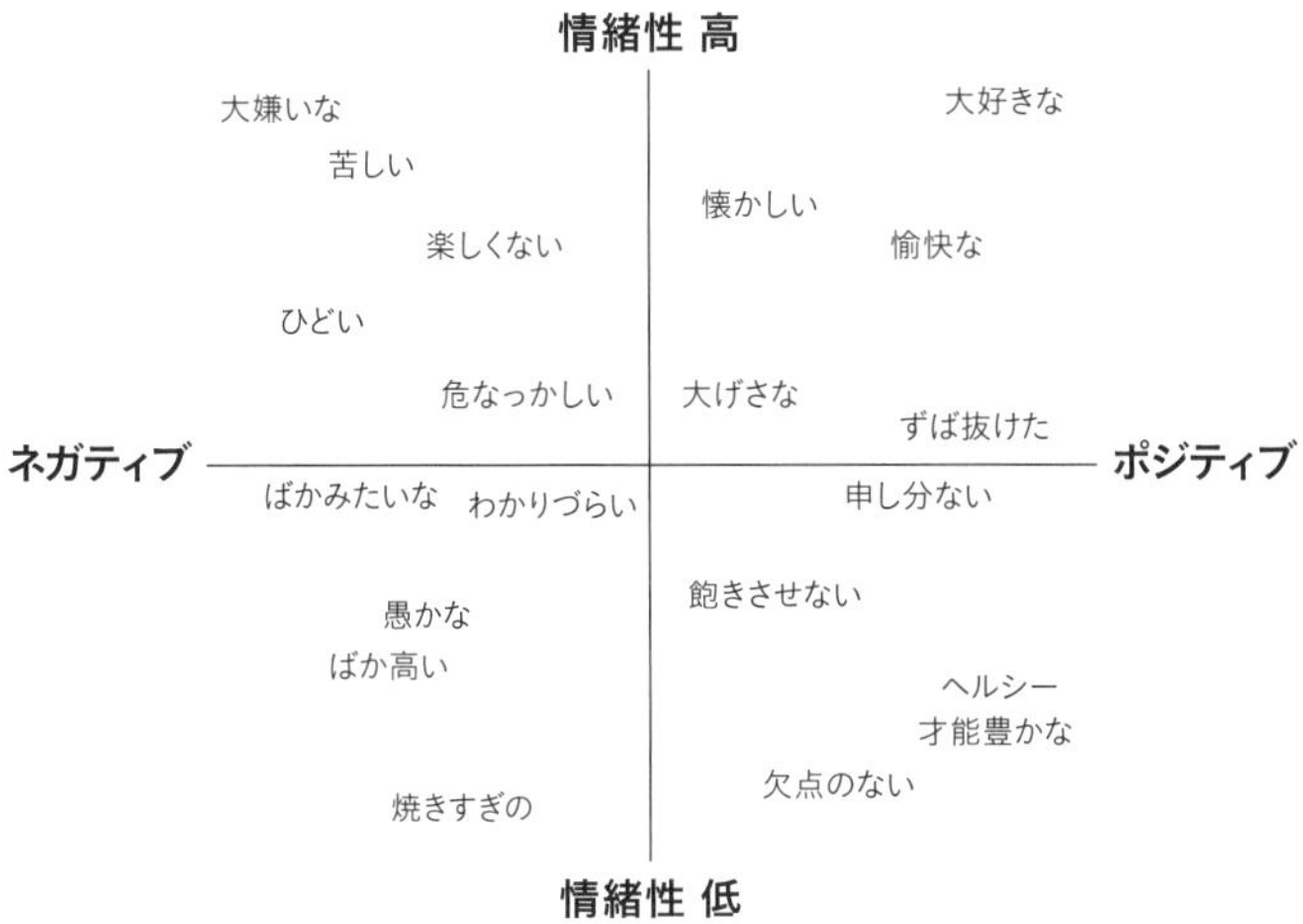

り口にした場合だ。[9]

人が感想や意見を表現するときには、さまざまなやり方がある。映画なら、「おもしろかった」「つまらなかった」「まあよかった」「観なきゃよかった」、レストランなら「おそれいった」「すばらしかった」「平凡だった」「最悪だった」、食べ物なら「うまい」や「まずい」、サービスなら「文句のつけようがない」「平均以下」や、「しびれるほどすごい」「極上」など。

これらのことばは、その人がそれをどのくらい好きかということを示すだけでなく、その評価が何に基づいているか（感情に基づくのか、他の要因に基づくのか）も示唆する。

再びレストランについて考えてみよう。誰かが食事を「楽しんだ」と言ったり、雰囲気が「とても好き」と言ったりする場合、その評価は当人の感情に基づく意見であるとわかる。その場所に対するその人自身の感想を伝えている。一方、料理を「ヘルシー」とか「料金も手ごろ」と評価するのであれば、その店を好意的に評価していることに変わりはないが、その意見は感情よりも思考に基づいている。

自動車も同じだ。運転するのが「楽しい」とか、見た目が「格好いい」というのは、感情に基づいて評価している。一方、「頑丈だ」「燃費がいい」という評価には、感情はあまり関係がない。

まとめると、ことばはポジティブかネガティブか（いいか悪いか）だけでなく、感情的かどうか（自身の気持ちに基づく反応かどうか）でも分類することができる。

感情に基づくレビューが多いレストランはより多く予約を獲得し、感情に基づくレビューが多い映画はより高い興行成績をあげ、感情に基づくレビューが多い書籍はより販売部数が多い[10]。感情のことばの使用は、その人の考え方がより強いことを示し、その分、当人の経験が他者により大きな影響を与える可能性があるということだ[11]。

ただし、感情のことばはどんなときでも説得力があるというわけではなく、他者に行動を促せるかどうかは、そのとき他者に対して何を説得しようとしているのか、その中身による。

商品やサービスには、快楽的なものと実用的なものがある。音楽や花など快楽的なものは、それがもたらす喜びや楽しさのために消費される。音楽を聴くのも花を買うのも、それがうれしく楽しいことだからだ。

対照的に、接着剤やガソリン、トースターのような実用的なものは、機能面や実生活での必要性から消費される。私たちは椅子を修理するために接着剤を買い、車を動かすためにガソリンを補給し、パンを焼くためにトースターを購入する。実用的な品は、知的作用に働きかけるものや、道具の性質をもつものが多く、通常は必要を満たすために購入する。*

研究者が、数万件のアマゾンレビューをもとに、感情のことばの影響を調べたところ、用途が快楽的か実用的かによって、その影響度が異なることがわかった。[12]

すでに述べたように、音楽や映画、小説など快楽的なものについては、感情のことばを使うほうがインパクトを強められる。感情のことばを使ったレビューは、購入を考える人にとってより参考になり、購入するほうへと引っ張られる。

例として、食事場所の店選びに話を戻そう。多くの点で似通ったふたつのレストランがあ

---

* 同じ品であっても、ある属性は実用的で別の属性は快楽的なことがある。たとえば、ランニングシューズの緩衝性や自動車の燃料使用量は実用的な属性だが、シューズの色や車のデザインはより快楽的な性質をもつ。

レストラン1	レストラン2
「びっくりするほどいい店。食事をするのが楽しかった」	「完璧な店。食べに来るだけの価値があった」

り、どちらもきわめてポジティブな単語の並ぶレビューを受けているとする。

ポジティブに評価しているところは似ているが、レストラン1のレビューは感情のことばを多く使っている。「びっくりするほどいい」という単語は「完璧な」よりも感情的であり、「楽しかった」は「価値があった」よりも感情的だ。

感情の表現が増えたことで、より多くの客がレストラン1を選ぶようになった。

ところが、実用的な商品では逆のことが起こった。たとえばカミソリでは、感情的なレビューは裏目に出た。個人の感想を聞かされても購入を検討するときの参考になりにくく、商品を買おうという気にもなりにくいからだ。

情緒性は、快楽的なものの表現には向いているが、実用的なものにはそぐわない。快楽的な製品やサービスであれば、どれにするかを選ぶうえで、使い心地などの感情が決め手となる。スポーツカーはエキサイティングであってほしいし、映画は感情移入できるものであってほしいし、休暇の旅行先はリフレッシュできる場所であってほしい。だから、快楽的なものを感情的なことばで表現してあると、それをほしい気持ちが強まるのだ。

一方、実用的な製品やサービスを選ぶ場合には、感情にうったえかけることはたいして重要でない。接着剤ならすぐに固まるかどうか、ガソリンなら価格が妥当かどうか、トースターならパンがいい具合に焼けるかどうかのほうが重要だ。実用的なものは、あるジョブ（目的）を遂行するために購入されることが多いため、検討者は、感情ではなく冷静な分析を通して、そのジョブがうまく遂行されると推測できる品を選ぼうとする。

したがって、誰かがミキサーを「すてき」とか「愉快」と評しても、それを聞いてミキサーを買いたくなるとはかぎらない。むしろ、こうした感情の表現は、人が求めている期待に添っておらず、裏目に出ることが多い。感情が強いと、発言の中身や発言者に対する信頼が低下することもある。

つまりは、ことばがポジティブかどうかだけでなく、情緒性の度合いも考慮することがたいせつということだ。

商品を市場に出すとき、アイデアを売り込むとき、あるいは自分自身をアピールするとき、私たちはふつう、ポジティブなことばを使う。うちの商品は「高品質」、このアイデアは「革新的」、自分は「勤勉」だと。食べ物なら「美味」、ブロックチェーンは「社会を変えうる」、文章力は「最上級」と言う。

ただし、ポジティブな表現をしさえすればそれでいいというわけではない。文脈の考慮が求められる。「すばらしい」「すごい」「極上」「見事」はどれも、何かが本当に優れていることを示唆する。ただし、込められている感情の量はちがい、文脈によって、より効果的な表現となったり逆になったりする。

売ろうとしている製品やサービス、体験は、快楽的なものだろうか、それとも実用的なものだろうか？　喜びや楽しみのために買われるのか、ある機能がほしくて買われるのか？

楽しむためなら、「すごい」「すてきな」といった感情の表現がよく合う。映画だったら「心温まる」、旅の行き先なら「元気になれる」、瞑想《めいそう》アプリなら「夢見心地の」というように、買いたい、実践したいと思わせるような表現にするといい。

だが、実用的な機能性を重視する製品、サービス、体験の場合には、「高性能」「完璧」「理想を体現した」など、感情を込めないことばのほうが説得力がある。

自己紹介にも同じことが当てはまる。履歴書でも、求人への応募書類でも、マッチングサイトのプロフィールでも、私たちはつねに自身を他者にアピールしている。ネガティブではなくポジティブな表現のほうが好ましいことはたしかだが、「お調子者」のような表現はマッチングサイトのプロフィールには書いても履歴書には書かないはずだ。

ほかにも気にすべき点がある。履歴書や応募書類を評価する側はだいたい、実用主義的な考え方をもっている。ほしい機能があってそれを満たす製品を買うように、問題を解決したり企業価値を高めたりできる人を探している。そのため、ただポジティブな形容詞を並べるのではなく、ふさわしいものを選ばなければならない。「会社は家族」という文化を誇りとし、社員にその一員となることを求める企業に応募するのでないかぎり、ほとんどの場合、感情のことばは少ないほうがよく、使えば逆効果になるおそれがある。

一方、マッチングサイトのプロフィールの類いには、もっと快楽的な性質があるのがふつうだ。参加者は問題を解決したいのではなく、自分を幸せにしてくれる人を探している。だから、感情にうったえる書き方のほうが有効だろう。

たんにポジティブなことばを使えばいいのではなく、「適切なタイプ」のポジティブなことばを探してみよう。

感情のことばの効用は、社会的な相互作用の過程でも変化する。多くの会話は何かを達成する方向へと動いていく。会議は意思決定を、カスタマーサービスは問題解決を、セールストークは売買契約の締結を目的としている。

人は目のまえの目標に取り組むことが最善だと考えがちだが、必ずしもそうではない。問題解決を目指す数百件の会話を分析したところ、まず人同士がつながることがだいじだということがわかった[13]。温かみのあることばで始め、感情のことばを加え、そのあとで問題解決に臨むといい。

人間関係を構築し維持していくことは、以降の活動を支えるための舞台づくりに役立つ。社会的つながりを強め、感情的な親密さを深めるのだ。

そのため、温かみのある感情のことばは、会話の冒頭でとくに有効だ。たとえば、カスタマーサービスでは「お困り事はどのようなことですか？　**お手伝いさせてください**」という感情的な言い方で始めるほうが、「お困り事はなんでしょう？　**解決策を調べます**」よりも効果的だ。

ただし、感情のことばの効力はいつまでも続くわけではない。温かく応対するのはよいことではいえ、最終的にはなんらかの決断を下し、問題を解決しなければならない。

そこで、感情を抑えた、知的作用に働きかける言い方が重要になってくる。分析の結果を見ても、カスタマーサービスの担当者が会話の最初に感情的なことばを多く使い、途中で知的作用のことばに切り替えた場合、顧客はより高い満足を得て、その後、より多くの商品を購入していた。

問題の解決にただ突進するのでも、ただつながりをつくるのでもなく、つながりをつくり、それから解決するのだ。

「不確実」な感情のことばでファクトを補強

プレゼンテーションをした経験のある人ならわかるとおり、聴衆の注意をずっと惹きつづけるのはじつにむずかしい。オンライン会議の普及によって、ますますむずかしくなった。聞き手にしてみれば、誰かのプレゼンテーションは画面上の別ウィンドウに過ぎず、聞いているふりをしながら簡単にメールを読んだりできる。

コンテンツ制作者も同じような苦境に立たされている。出版社やメディア企業、マーケターやインフルエンサーに至るまで、誰もが人の注目を惹き、維持しつづけようと奮闘している。だが、近ごろでは利用できる選択肢が非常に増えたため、これを達成する難易度はあがりつづけている。ニュース記事は、何十個というほかのコンテンツと同列に表示され、記事を読み始めてくれた人でもほとんどは冒頭を少し読んだだけで別のコンテンツへと移っていく。終わりのない、こうした注意散漫の現状を踏まえ、「おもしろいもの」が成功し、そうでないものは失敗する運命にある、という考えをよく見かけるようになった。たとえば、話題の最新ハイテク機器やセレブのゴシップ、スポーツの対戦結果に関する記事は注目を集め、気候変動のような重いトピックや情報セキュリティについての硬いプレゼンテーションはみんなを居眠りさせると。

では、人気の乏しいトピックのプレゼンテーションは失敗するほかに道はないのか？　それとも、人の注目を集める方法があるのだろうか？

よく知られているアプローチのひとつに、「クリックベイト」がある。「アマゾンプライムを更新するまえにこれを読め」とか「体重が増える6つの理由」のような人目を惹くタイトルをつけ、もっと知りたいと思わせてクリックに誘導するのだ。

出来の悪いプレゼンテーションでも似たようなことはよくおこなわれる。内容に無関係の漫画や有名人の写真などの小道具を使って目を留めさせ、コンテンツに見る価値があるように思わせる手法だ。

だがこのようなテクニックは、魅力的に見えるかもしれないが、実際にはたいした効果はない。

クリックベイトは注目を集めるのには向いているが、効果はほとんど長続きしない。「有名医師が警告する、食べてはいけない最悪の炭水化物」のような見出しは、潜在読者の一部にクリックを促すが（どの炭水化物が悪いの？　知りたい！）、記事を読み始めてみるとがっかりさせられることが多い。たしかに、炭水化物について書かれてはいるのだが、見出しにぶちあげてあったとおりの貴重な情報はほとんどない。だから、記事をクリックした人もざっと眺めただけで去っていく。実際に記事を最後まで読む人はほぼいない。

プレゼンテーションの小道具も同様だ。ときには笑いをとったり、ノートパソコンから顔をあげさせたりもするが、資料の内容に深く引き込んでいるわけではない。注目を一瞬集めることはできても、長続きはさせられない。

注目を集めることと、注目を集めつづけることとは区別してとらえるべきだ。メールの送信者は、受信者にそれを開いてもらうだけでなく、読んでもらいたい。リーダーは、研修の場にただ部下に参加してもらうだけでなく、話を聞いて吸収してほしい。また、非営利団体やクリエイター、コンテンツのマーケターは、彼らの理念、ＹｏｕＴｕｂｅ動画、ホワイトペーパー［白書。とくにマーケティングの世界では、調査レポートなど企業を売り込むためのダウンロード資料］を見てもらうだけでなく、じっくり読んで理解してほしいと考えている。

注目を集めつづけるのに役立つ要素は何かを探究するため、同僚たちと私のチームは、100万人近い人が数万件のオンライン記事をどんなふうに消費したのかを分析した――見出しをクリックしたかどうかだけでなく、実際の記事をどの程度まで読み進んだのか、すなわち、見出しだけを読んですぐに移動していったのか、2、3段落は読んだのか、はじめの1、2ページを眺めたあとで移動していったのか、それとも最後まで読み進んだのか。

トピックのなかには、それ自体に読者の注意を集めつづける効果をもつものがあった。たとえば、スポーツに関する記事は、世界の出来事を伝えるニュース記事よりも長く読まれる傾向にあり、レストランのレビューは教育に関する記事よりも長く注意を惹きつけやすい。

だが、何について書かれた記事かだけでなく、どのように書かれた記事かもまた重要だった。特筆すべきなのは、感情の表現が読者の興味を惹きやすかったということだ。記事のなかに感情的な表現が多いほど、読者がそのまま読みつづける可能性が高かった。

ただし、さらに掘り下げてみたところ、すべての感情に同じ効果があるわけではなかった。ある種の感情は読者の注意を持続させるが、逆に読者から関心を失わせる感情もあった。たとえば、悲しい気持ちにさせる記事よりも、不安な気持ちにさせる記事のほうが、最後まで読み進む可能性が30%高かった。

その理由を知るにはまず、感情のことばが、人が世界を見るやり方をどのようにかたちづくるのかを理解する必要がある。

怒りと不安を例にとろう。どちらもネガティブな状態だ。怒りを感じるのは気持ちいいことではないし、不安も同じだ。

だが怒りと不安というふたつの感情は、似ている部分もあるが、一方にはもう一方より断固とした強さがある。

あなた自身が最後に怒りを感じたときのことを思い出してほしい。航空会社が荷物を紛失した、審判がまちがった笛を吹いた、カスタマーサービスがこちらを待たせた挙げ句に電話を切った――。

そのときのあなたはかなり確信をもっていたことだろう。航空会社、審判、カスタマーサービスに落ち度があり、彼らが悪いのだと。実際、怒っているときの私たちは、断固とした感情をもっている。怒りという感情には、疑いや迷いが挟まることは少なく、むしろ、これは正当な怒りだ、自分は正しくて相手がまちがっているのだという信念を伴うことが多い。

これに対し、不安にはそのような確信がない。最後に不安を感じたときのことを思い出してほしい。航空会社が荷物を紛失したのではないかと心配したり、贔屓《ひいき》のチームが負けそうでドキドキしたり、電話口で保留のままここからさらに30分も待たされるのではないかと苛立《いらだ》った

	ポジティブ	ネガティブ
確信度が高い	幸福 プライド 興奮	怒り 嫌悪
確信度が低い	驚き 希望	不安 当惑

りしたのではないだろうか。不安は不確実な感情だ。疑いやあいまいさ、落ち着かない感覚を伴う。何が起こるかわからず、悪いことを想定してこわがってしまう。[*]

ポジティブな感情も、確信の度合いは異なる。誇り《プライド》はかなり確かな感情だが、希望は不確かなものが多い。

このような確信度のちがいが、注意の持続に重要な影響を及ぼすことがわかった。数千にのぼるコンテンツを調べると、不確実な感情が注意をより強く惹きつけていた。

不安や当惑のような不確実な感情を喚起する表現は、読者にその記事を読ませつづける効果があり、嫌悪など確実度のある感情を喚起する表現には逆の効果があった。

不確実なことがあると、読者はそれを解消したくてその場にとどまる。次に何が起こるのか、どのような結末を迎えるのかがわからない場合には、それを知りたくて読みつづける。雨が降るかわからないから天気予報を調べるのと同じように、何が起こるかわからないから、その不確実性を解消するために読みつづけようとするのだ。

この調査結果には重要な気づきが含まれている。

第一に、これまで述べてきたとおり、何が話題なのかだけでなく、その話題をどのように論じているのかが重要ということだ。むろん、トピックやアイデア、プレゼンテーションのテーマによっては、それ自体がほかよりおもしろくて注目を自然に集めるものもある。出張の航空券代をいくらか節約する記事よりも、自分の給料を2倍にする方法という記事のほうがおそらく好奇心を刺激されるだろうし、気候変動や国の財政政策に関する記事よりも、減量の秘訣に関する記事のほうに興味を惹かれるだろう。

＊　なお、悲しみは状況によって、確信のある場合とない場合のどちらにも関連しうる。ペットの犬が死んだときや友人が引っ越していったなど、明確な事態を悲しむときもあれば、犬が弱っているときや友人から引っ越しを考えていると聞かされたときなど、まだそうと決まったわけではないが、起こるかもしれない事態を悲しいと感じることもある。

だが、本質的におもしろいトピックがあるからといって、そうでないトピックは失敗する運命にあるというわけではない。適切な言語、ふさわしいことばを使うことで、刺激的なトピックであろうとなかろうと、注意を惹きつけることは可能だ。

このことは、刺激的ではなさそうなテーマに関心を集めたい人や組織にとって朗報だ。分野自体がさほど魅力的でなくても、適切なことばを使えば、足りないところを埋めることができる。プレゼンテーションを準備したり、メールを書いたり、コンテンツを作成したりする場合、適切な表現をつうじ、あらゆるものの魅力を引きあげることができる。スタイルがトピック（の魅力の乏しさ）を補うのだ。

第二に、感情のことばは、魅力を高める強力なツールになるということだ。私たちは往々にして、相手を説得するには事実こそがだいじだと考える。クライアントにとって好ましいはずの商品属性をリストアップし、同僚に考えを変えさせるための理由を並べ、重要なポイントを伝えたくてプレゼンテーション資料に延々と統計情報を盛り込む。事実は有効な情報だ。ときには。

事実の列挙が聴衆を眠らせることもまたよくある話だ。眠らないまでも、こっそりSNSやメールのチェックをする人も出てくるだろう。

聴衆の注意を惹きつけられないのなら、相手を説得するのは相当むずかしくなる。このようなときに役立つのが、感情のことばだ。何かについて人の気持ちを変えたい？　そんなときには、それがなぜたいせつなのかを伝えるだけでなく、感情のことばを交ぜてみよう。

第三に、感情のことばは相手の関心を呼ぶことができるが、適切な種類の感情を選ぶことがたいせつということだ。感情にはポジティブなものとネガティブなものがあるとはいえ、たんに人をいい気分にさせればいいとか、いやな気分にさせなければいいという単純な話ではない。むしろ、相手のプライドをくすぐったり、うれしい気持ちにさせたりすると、こちらが次に言おうとすることに集中してもらえなくなるおそれすらある。

なぜなら、注意を持続させるには、人をいい気分にさせたりいやな気分にさせたりするよりも、話をもっと聞きたい、もっと知りたいという、好奇心に響かせることのほうが重要だからだ。不確実な感情、つまりは不確実なことばで、人の関心は持続する。試合の勝敗がわかっているのなら続きを見る理由は乏しいが、結果がまだわからない場合、人はそれを知りたくてチャンネルを合わせるのだ。

第5章のまとめ

有能な伝達者になりたいと考える人は多い。おもしろい話を語り、楽しく実りのある会話をし、質の高いプレゼンテーションを披露し、優れたコンテンツをつくりたい。「感情」のことばの価値を理解すれば、これらすべてを、より効果的に実行することができる。

1 不完全さをアピールする

ある程度の評価をすでに得ている人なら、過去の失敗を明らかにすることで、自身の好感度を高めることができる。親近感を持たれ、印象が向上する。

2 ジェットコースターのように、上昇と下降を交互に見せる

よい物語には起伏がある。人の関心を惹くには、ポジティブな事柄に適切なタイミングでネガティブな事柄を交ぜよう。失敗を盛り込めば、成功をより甘美に見せられる。

3 瞬間的な変化をちりばめる

上下に揺さぶられる感覚は瞬間（短い時間軸）にも起きる。起伏がないと乗り心地は楽だが、退屈になる。瞬間に変化をもたせ、人の注意を長く惹きつけよう。

4 感情と知性へ適切に働きかける

いつもことばに感情を込めればいいわけではない。映画や旅行のような快楽的なものには感情は有効に働くが、求職活動や説明書といった実用的なものには逆効果になる。

5 つながりをつくり、それから解決する

問題を解決するには、その問題にかかわる人たちを理解する必要がある。解決策に飛びつくのではなく、まず相手とのつながりをつくろう。温かみのある感情的なことばから始め、そのあとの、実際の問題解決のための知的な議論に備えるといい。

6 疑念や不安を残す感情のことばを使う

適切な感情のことばを選べば、どんなトピックやプレゼンテーションでも魅力を高められる。不確実さを覚えるタイプの感情に働きかけ、聴衆の関心を集め、維持しよう。

「感情」のことばの働きを意識して上手に取り入れることで、いかに結果が変わるかが明らかになった。

次章ではことばの５つ目のカテゴリ、「類似性」と「相違性」という側面を、現代の技術を駆使して紐解くことにしよう。

第6章 AI時代に見る「ことばの類似性」

早く昇進する人としない人がいるのはなぜだろう。なぜ、ある曲はヒットし、ある曲は消えていくのか。ある本を、映画を、テレビ番組を大ヒットさせる要因はなんなのか。答えを探すためにまず、まったくちがうところから始めよう——1本のビールから。

ことばも〝類は友を呼ぶ〟

ある年の1月初旬、ティム・ルーニーはレフトハンド・ブルーイングのクラフトビール「400パウンド・モンキー」を初めて飲んだ。好みではなかった。悪くはないが、うまいとも思えない。ほんのり甘く、バターの風味が漂い、それでいて苦みが主張しすぎる。まとめると、あまり高くは評価できない。せいぜい星5つのうち3つくらいか。

そのころからずっと、ティムは数多くのビールを試飲してきた。正確な数はわからないが、少なくとも4200本は試している。ビールのレーティングサイト〈レートビア（RateBeer.com）〉に投稿した数は、ラガーやエール、ピルスナーやポーター、サワーエールやスタウトなどすべて含めてそれくらいの件数になる。近所のスーパーで売っているような大衆的な「ミケロブ・ライト」から、ほとんどの人にとっては聞いたこともないようなクラフトビール（カスケード・ブルーイングの「バーボニックプレイグ」やエイヴリー・ブルーイングの「ランプキン」など）まで、さまざまなビールを味わってきた。

彼の気に入りは、デシューツ・ブルワリーの「ジ・アビス」だ——「星5つ、ボディは豊かできわめて濃厚、オイリーな感触と柔らかい炭酸、わずかに苦い余韻が長く続く、アメージング！」いちばん嫌いなのは、ブラックマウンテン・ブルーイングの「ケイブクリークチリビール」——「星0・5、ぼくはチリペッパーが好きでビールも好きだけど、このクズはひどい。コンボがぜんぜんうまくいってない。2口飲んで捨てた」。ほかにも、さまざまなビールの評価には「軽い甘さ」や「クリーンでさわやか、きれいな黄金色」など、多彩な修飾語が躍る。

ティムは、〈レートビア〉を利用する数十万人のビール愛好家のひとりだ。このサイトは2

000年に創設され、以来、ビール愛好家のための情報交換や意見交換の場となってきた。利用者による評価数は1100万件以上にのぼり、現在では、詳細で緻密なビール情報サイトとして認識され、高い評価を得るまでになっている。

だが、スタンフォード大学の研究チームが2013年にこのサイトに興味をもったのは、まったく別の理由からだった。言語学的な観点から、サイトで使われていることばの変化を調べたかったのだ。

グループというものはつねに流動している。新しいメンバーが加わり、古いメンバーが去り、変化が繰り返される。たとえば、会社のとある部署に同僚たちが会議室で昼食をともにする慣習があったとしても、やがて年長者がリタイアし、新しい社員が入ってくるうちに、そうした密度の濃い集まりは薄まっていく。

研究チームは、言語の文脈でこうした移り変わりに着目した。グループのメンバーが使う言語は、時間とともにどのように変化していくのか。新しいメンバーはグループに慣れるにつれてことばを変えていくのだろうか。このような変化を追跡すれば、どのようなメンバーが長く在籍しつづけるかを知ることができるだろうか。

〈レートビア〉は、うってつけの実験場だった。各月のレビューは、その時点でメンバーがどのようにことばを使っていたかを示すスナップショットになる。また、多くのメンバーが複数のレビューを投稿していたため、研究チームは彼らがコミュニティに参加した瞬間から投稿をやめるときまで、ことばがどのように変化していったかを簡単に追跡することができた。

ビールの香りを例にとってみよう。サイトができたばかりのころには、メンバーは香りについての議論に「アロマ」という単語を使う傾向があった（「ホップのアロマがかすかにした」）。だが、やがてこの単語は使われなくなり、「香り《スメル》」の略語である「S」に置き換わった（「ホップのSがかすかにした」）。

また、桃やパイナップルなど、果物に関連する単語の使い方も変化した。同一のビールに対するレビューでも、時間が経つにつれて、果物をより広くとらえたことば（「柑橘《かんきつ》系のほのかな気配」「トロピカルなフレーバー」）を使って味わいや感覚を表現するようになった。ビールそのものは変わらなくても、表現方法が変わったのだ。

こう書きなさいと誰かが指示を出したり、メンバー全員が話し合って用語の変更を決定したりしたのではない。時間とともに、サイトの用語が自然に変化していった。生き物が姿を変えていくように。

メンバー個人のことばも変化した。サイトでの滞在時間が長くなるにつれて、コミュニティの言語を取り入れるようになった。たとえば、あるメンバーの初期のレビューと年数が経ってからのレビューを比較すると、明確なちがいが見える。「炭酸化」や「レーシング（グラスにリング状に残る泡の跡)」など、ビールに関する語彙が増え、一方で、「私は」や「ぼくの」のような人称が減っていった。「ぼくが思うに」「私の意見では」といった表現をあまり使わなくなり、客観的な事実を羅列する、そのサイトの暗黙的なレビュー規範に沿った表現が多くなっていった。

より包括的な分析をおこなうために、研究チームは各メンバーのことばがコミュニティのほかのメンバーとどれだけ似ているかを数値化した。メンバーの使ったことばが、その時点で〈レートビア〉に書き込まれていたほかのレビューとどれだけ似ていたかを分析したのだ。

その結果、サイト上でのメンバーの行動はふたつの段階に分かれることがわかった。参加したばかりのメンバーは柔軟性が高い。コミュニティで使われることばを学び、自分でも使い始め、そのときのサイトの慣習をなんでも取り入れようとする。

だが、慣れようと努めた時期を過ぎると、保守的な段階に入る。新しい単語やフレーズを取り入れようとはしなくなり、彼らの使うことばは固まった。コミュニティとその規範は前進しつづけるが、古参のメンバーはもはやそれに追随しない。

ことばはまた、そのメンバーがどれくらいの期間、投稿しつづけるかを予測するのにも役立つ。何年も投稿を続けるメンバーもいれば、数カ月で退会してしまう者もいる。彼らのことばには、最終的な定着度のヒントが隠れていた。サイトの慣習を取り入れようとしないメンバーや、コミュニティのことばに触れる時間が短かったメンバーは、退会する可能性が高かった。最初の数回のレビューを見れば、彼らがどれくらいの期間、コミュニティにとどまるかを予測することができる。

当人は気づいていなかったとしても、使うことばは将来の行動を予言していたのだ。

本書の最初の5章では、さまざまなカテゴリでことばを見てきた。だが、ことばを本当に理解するには、文脈を考慮する必要がある。ある人が使うことばはほかの人が使っていることばとどのように関係しているのか。

ここで、ビールの投稿サイトの事例が参考になる。あることばがよくて別のことばが悪いというのではなく、ここでは「ことばの類似性」が重要であることを強調したい。ビールの投稿サイトの事例では、使う言語がグループの言語と一致している人ほど、コミュニティにとどまる傾向があった。

ただし、人がオンラインコミュニティで発信しつづけるかどうかは、類似性で説明のつく多くの事柄のひとつに過ぎない。類似性の観点からことばのパワーを活用する方法を見ていこう。

言語スタイルが似ている社員はボーナスがあがる？

「組織文化」は流行《はや》りのトピックだ。組織の文化を堅固につくりあげ、維持し、文化にフィットする応募者を採用しようという動きがある。

ところで、組織文化とはどのようなものなのか。信念や価値観といった漠然とした概念にとどまらない、数値化して測定可能なものなのだろうか。組織文化になじむかどうかが、仕事の成果に影響するのだろうか。

ビール評価のサイトに独特の用語や言語規範があったように、組織にもそうしたものがある。集団がちがえば、ことば遣いもちがう。スタートアップの創業者は「戦略転換《ピボット》」についてよく話し、小売業者は「流通ルート連携《オムニチャネル》」について、ウォール街のトレーダーは「せこい客《パイカー》」や「ハイリスク債券《ジャンク》」についてよく話す。

組織や業界ごとのちがいは隠語や専門用語だけでなく、ことばの使い方そのものにも見られる。短い文章を使いがちな組織もあれば、長い文章を好む組織もある。具体的なことばを使う組織もあれば、抽象的な言い回しを好む組織もある。

ことばと仕事での成功度の関係を調べるため、ある研究チームが、ふだん私たちが何気なく使っているデータソース――電子メール――に着目した。[1]〈レートビア〉に集うビール愛好家とは異なり、従業員が書くのはオンラインレビューではない。業務上の電子メールだ。しかも大量に。同僚に情報を求め、フィードバックを提供し、プレゼンテーションの原稿を共有し、クライアントとの面談日時を決めるほか、ありとあらゆるトピックについて膨大な数のメールを私たちは送り合う。

試しに、手元の「送信済みアイテム」フォルダーを開いて中身を見てほしい。なんの変哲もない仕事のメールや個人のちょっとしたメールしか入っていないと思うだろうか。たいして重要でもないものが数多く交じっていると。実際、たいして意味のないメールはよくある。だが、重要でないものにしても、それらは仕事やプライベートのたんなる添え物ではない。あなたの仕事そのものであり、私的な生活そのものだ。

あるメッセージのヘッダー部や、パワーポイント資料の23ページ目に載せるべき画像についての覚書は、些細なことのように思えるかもしれないが、仕事人生の瞬間を切り取ったスナップショットでもある。さまざまなプロジェクトや意思決定の過程だけでなく、あなたが同僚として、リーダーとして、友人として、どのように進化してきたかがそこに表れる。古代文明の遺跡から覗く陶器の破片のように、あなたが築いてきたものの片鱗《へんりん》なのだ。それを見れば、あなたが時間とともにどのように変化してきたか、あるいは変化してこなかったかについて多くのことがわかる。

研究チームは、ある中堅企業の数百人の従業員のあいだで送受信された電子メールの5年分、1000万通以上を調べた。経理のスーザンが人事のティムに送ったものすべて、営業のルシンダが研究開発のジェームズに送ったものすべて、などなど。研究チームが着目したのはメールの件数ではなく、個々の従業員が使ったことばだった。

この研究がおもしろいのは、従業員が書いた内容（資料のタイトルをどうするかや、パワーポイントのスライドの中身について、など）ではなく、中身とはまったく無関係の、彼らの言語スタイルだけに着目したところだ。

メールを読むときにしろ電話で話すときにしろ、私たちはどんな種類のコミュニケーションに臨むときでも、その内容を重視するのがふつうだ。この第6章にどんなことばが書いてあったかと訊かれたら、あなたはおそらく、議論の主題やトピックについて考え、まずビール愛好家の評価サイト、それから電子メールについてのトピックが続いたと答えるのではないか。

メールの場合でも、自分の書いたメールを振り返ってどんなことばを送ったかを報告せよと言われたら、おそらくメインのトピックに着目するだろう。会議や特定のプロジェクトについての大量のメールのほか、リタイアする同僚のために計画していた大がかりな送別会についてのメールもいくつか交じっていたかもしれない。

これらはどれもコンテンツの例だ。何が議論されていたかの主題、トピック、あるいは中身そのものを指す。

議論の中身が重要であることは当然だが、目立たないが忘れてはいけない側面が別にある。それが言語スタイルだ。「They said to follow up in a couple weeks.」というフレーズを考えてみよう。書いてある内容（2週間後にフォローアップするように）から、メールの意図はわかるが、フレーズのなかの「they」「to」「a」といった単語に注目してほしい。

文章の型や構成を形成するための、こうした代名詞や不定詞マーカー、冠詞などは周囲の文字に埋もれてしまい、存在に気づかれないことがよくある。読者のみなさんも、「follow up」や「weeks」などの語のほうが印象に残っていて、代名詞や冠詞などは言われるまで意識していなかったのではないだろうか。実際、私たちの目は文章が伝える内容の中心にある名詞、動詞、形容詞のあいだを行き来し、それら以外については見過ごしてしまう。

だが、無視されやすい代名詞や冠詞などがじつは多くの情報を提供していることを知ってほしい。伝達者が伝えようとするコンテンツ自体には自由度はほとんどない。クライアントがフォローアップを求めている時期を誰かに訊かれて、「2週間後に」が答えだった場合、内容自体は変えようがなく、文章をつくる際にはその周辺にことばを足していくことになる。

だが、どのようにそれを伝えるかは、伝達者次第だ。「先方からは2週間後にフォローアップするようにと言われました」「2週間後にフォローアップするのがよさそうです」など、さまざまなバリエーションが考えられる。それぞれの差異はわずかに見えるかもしれないが、伝達者がそのコンテンツをどのように伝達したいのかがそこに表れるため、伝達者自身がどういう人物かの情報も同時に伝えることになる。性格や好み、頭が切れるかどうか、嘘をついているかどうかまで、かなりのことがわかる。[2]

研究チームは、従業員の言語スタイルを分析した。とくに、その人の言語スタイルが同僚の言語スタイルとどの程度似ているかに着目した。

この類似性は、文化的適合性と言い換えることもできる。従業員が周りの人と同じように言語を使うかどうか。人称代名詞（「私たち」や「私」）をよく使う同僚とコミュニケーションをとるとき、その従業員も同僚と同じ程度に人称代名詞を使うかどうか、あるいは、冠詞（「a」や「the」）や前置詞（「in」や「to」）を同僚と同じ程度に使っているかどうか。

分析の結果は驚くべきものだった。類似性は成功を左右する要因のひとつだったのだ。言語スタイルが同僚と似ている従業員は、そうでない従業員よりも昇進する確率が3倍高かった。また、業績評価も高く、ボーナスも多かった。

ある程度、納得できる結果と言っていいのではないか。新しい仕事にうまく溶け込めるほど、成功の可能性が高くなる。

だが、ほかの人たちはどうなる？　合わない人はどうなるのだろうか。

実際のところ、言語スタイルが似ていない人たちは、あまり幸運ではなかった。解雇される確率が4倍高かった。

では、似ていない言語スタイルをもつ人は、はじめから失敗する運命にあるのか？

そうとも言えない。研究チームは、従業員が最初から周囲になじんでいたかどうかだけでなく、なじみ方の深さが時間経過とともにどう変化したかや、他者よりももともと適応力が高い人たちがいるのかどうかについても分析した。

ビール愛好家の世界と同じように、新入社員の多くはすぐに順応した。入社して1年も経つころには、組織の言語規範になじんでいた。

とはいえ、全員が同じ速度で適応していったわけではない。速い人もいれば遅い人もいた。

ここで物を言ったのは、適応力の高さだった。成功した従業員が組織に適応していった一方で、最終的に解雇されるような従業員は適応していなかった。彼らは組織文化への適応性がはじめから低く、しかもしだいに下がっていったのだ。

ことばの類似性は、その会社に残った従業員と、よりよい選択肢を求めて退職した（解雇されたのではなく、他社からオファーを受けた）従業員を見分けるのにも役立った。他社へ移る人た

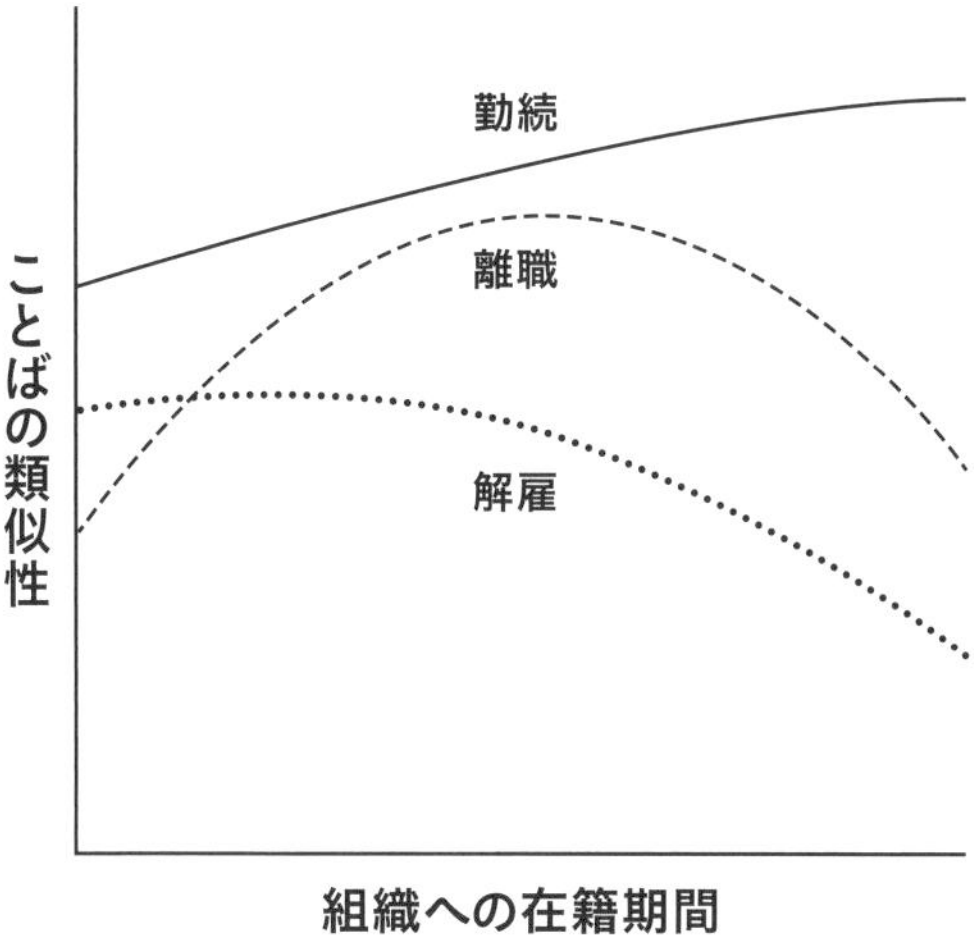

ちは、早くから組織になじんでいたのだが、ある時期から彼らのことばが組織から乖離《かいり》していった。明らかに適応能力があるにもかかわらず、やがてその努力をしなくなり、去っていく予兆がにじんでいた。

つまるところ、当初から組織になじんでいたかどうかよりも、適応性のほうが重要だったのだ。最初にフィットしていた人は高い業績をあげたが、変化する組織の規範にすばやく適応できた人はさらによい成果を達成できた。組織にフィットできるかどうかは生まれつきの才能ではなく、時間をかけて適応していこうという意志に基づくスキルだ。

電子メールを材料としたこの研究は、組織にフィットすることの利点を際立たせる。周囲と同じようなことばを使うことで、業績評価があがり、ボーナスが増え、昇進する可能性が大きくなる。ことば遣いの似た者が集まるメリットは職場だけにとどまらない。似たような話し方をする人同士は2回目のデートへ進む可能性が高く、似たような文章を書く学生は友だちになる可能性が高く、ことばの使い方が似ているふたりは3カ月後に恋人同士になっている可能性が高い[3]。

似たようなことばを使うことで、会話がスムーズに進み、つながりができていると感じられ、同じ集団に属しているという認識が強まる。これらはどれも互いへの好感や信頼感を高め、その後のつき合いにさまざまなプラスの結果をもたらす。

ところで、集団にフィットすることはつねによいことなのだろうか。それとも、ちがいがあったほうがよい場合もあるのだろうか。

それを知るために、今度は音楽業界を見てみよう。

ヒットチャートから見えてきた意外な法則

肌寒い秋の日の午後、モンテロ・ヒルはいつもどおり自宅の寝室で音楽をつくっていた。実際には、寝室のクローゼットのなかで。そうでなければ、祖母宅のクローゼットのなかで。そのときに静かなほうを選んでいた。

大学を中退したこの無職の19歳は、多くのミュージシャン志望者と同様、ヒットを飛ばそうとさまざまに模索していた。インターネットをつうじて絶えず自作曲を売り込み、〈サウンドクラウド〉に曲を投稿し、人気を得ようと奮闘していた。

ハロウィーンの日、YouTubeをスクロールしながらビート［曲づくりの土台にする題材］を探していたら、自分に語りかけてくるものに出合った。オランダのプロデューサー志望者——やはり作業場所は寝室——が、アメリカのロックバンド「ナイン・インチ・ネイルズ」の楽曲をサンプリングして再加工したものだった。モンテロはそのビートを30ドルで購入し、歌詞をつけ、2〜3週間後に曲をリリースした。

どんな曲にしろ、ヒットする可能性はきわめて低い。ましてや、無名の新人や、ラジオ等での放送を促すレーベル契約のない者にとっては、その可能性はいっそう低くなる。

〈サウンドクラウド〉には何億もの楽曲があり、毎日、何万何十万の曲が追加されている。数回以上再生されるものはめったになく、あったとしてもそのほとんどは、すでに多くのファンをもつアーティストによるヒット曲だ。

だが、モンテロの曲はちがっていた。インターネットで大反響を巻き起こした。

モンテロ（現在はリル・ナズ・X）の《オールド・タウン・ロード》は、何十億回もストリーミング再生された。1000万ユニット以上を売りあげ、19週連続でチャート1位を記録し、ビルボードの歴史を塗り替えた。また、この曲でリル・ナズ・Xは一躍有名になり、タイム誌の「インターネット上で最も影響力のある人々」のひとりに選ばれている。寝室で音楽をつくっていた若者にしては悪くないのでは？

《オールド・タウン・ロード》がこれほどまでに成功した理由はなんだったのだろう。それを探れば、物事を流行《はや》らせる奥深い秘密に触れられるだろうか。

業界の大物、文化評論家、そして消費者も、なぜある曲はヒットし、ある曲は消えていくのかを長いあいだ不思議に思ってきた。何百万回もストリーミング再生される曲もあれば、ほとんど聴かれない曲もある。チャートを賑わす《オールド・タウン・ロード》1曲の裏で、何万曲とまではいかなくても数千曲が注目されずにもがいている。

ひとつ考えられるのは、成功はたんなる確率に過ぎないということだ。ある曲がヒットするのは運や偶然の産物なのだと。いわゆる専門家たちでさえ、小麦と籾殻《もみがら》を選《よ》り分けるのがうまいわけではない。エルビス・プレスリーはトラックの運転手に戻ったほうがいいと言われた。ビートルズは、ギター・グループの時代はもう終わりだと言われた。レディー・ガガは、曲の

「ダンス志向」が強すぎて売れないと言われた。ヒットの裏になんらかのロジックがあるとしても、その真理を見きわめるのは不可能に思えることが多い。

それでも、同僚グラント・パッカードと私は数年前に、ヒットを生む要因を論理的につかむ方法があるのではないかと考え、その探究に乗り出した。[4] どの曲もそれぞれにちがうが、われわれはヒットした曲には共通する何かがあるのではないかと考えた。具体的には、そのジャンルのほかの曲と似ていたり、異なっていたりする傾向がないかを調べてみた。類似性を測るために、各曲に込められているテーマをまず拾いあげた。

一部の曲はメインテーマがわかりやすい。たとえば、ダイアナ・ロスとライオネル・リッチーの《エンドレス・ラヴ》はどう聴いてもラブソングだ。タイトルに「love」が入っているうえ、歌詞が「my love（愛《いと》しい人）」というフレーズで始まり、歌詞カードの3行目にすぐまた「love」が入ってきて、その後も「love」があと12回登場する。

リアーナの《ウィー・ファウンド・ラヴ》やボーイズⅡメンの《メイク・ラヴ・トゥ・ユー》、セリーヌ・ディオンの《ビコーズ・ユー・ラヴド・ミー》なども同様だ。タイトルや歌詞を見ればラブソングに簡単に分類できるし、実際、これらの曲は歴代最高のラブソング・リストに挙げられることが多い。

一方、簡単には分類できない曲もある。たとえば、ナタリー・インブルーリアの《トーン》は、愛と、別れで傷ついた心を歌っている。だがこの曲に「love」の文字はない。タイトルにも歌詞にもそのことばは出てこない。ピーター・ポール＆マリーの《悲しみのジェット・プレイン》、ノー・ダウトの《ドント・スピーク》なども同様だ。

さらに、愛について歌っている曲同士を比べた場合、どれもよく似ているかというとそうでもない。エルビス・プレスリーの《好きにならずにいられない》とキャリー・アンダーウッドの《ビフォー・ヒー・チーツ》はどちらも愛に触れてはいるが、曲の印象は明らかにちがう。ラブソングには、ハッピーでポジティブな愛を歌ったもの（例：カトリーナ＆ザ・ウェイヴスの《ウォーキング・オン・サンシャイン》）、片思いを歌ったもの（例：リック・スプリングフィールドの《ジェシーズ・ガール》）、元彼への怒りを歌ったもの（例：アラニス・モリセットの《ユー・オウタ・ノウ》）などがある。

これらがどれも同じことを歌っていると言うのは、チョコレートケーキとクラブケーキ「カニを使ったアメリカの料理」が同じだと言うようなものだ。どちらにも「ケーキ」という文字が入っているが、かなりちがう食べ物だ。

ラブソング以外に範囲を広げると、分類はもっとむずかしくなる。ビートルズの《ヘイ・ジュード》はどのジャンルの曲だろうか。プリンスの《ビートに抱かれて》は？　人によって考えはかなりちがうだろう。ブルース・スプリングスティーンの《ボーン・イン・ザ・USA》

は、愛国心やアメリカの誇りの歌だと思っている人がいるが、じつは、アメリカがベトナム帰還兵をいかにぞんざいに扱ったかを歌っている。

これらのことは、曲の主要なテーマを知るうえで、人の認識は信頼できる指標にはなりにくいことを表している。そこで、われわれは人に訊くのではなく、コンピューターの能力を借りることにした。

新しい街に引っ越してきたばかりの高校生を想像してみてほしい。新しい学校には知っている人は誰もいないし、誰が誰と友だちかもわからないので、観察して学ばなければならない。たとえば、ダニーとエリックが一緒にいるところを何度も見かけるのなら、ふたりは友だちだと推測できる。彼らのどちらか、あるいは両方がルーシーと一緒にいることが多ければ、3人は同じグループにいるのだと思う。

同じように、一緒に行動している人を基準にして、グループ分けをすることができる。体育会系やオタク仲間、ゲーマー、演劇好きなどだ。

これらのグループ分けは非公式であり、メンバーも流動的だが、彼らがどんなふうにつながっているのかを知るのに役立つ。こうしたグループの特徴の第一は、メンバー全員がつねに同じ行動をとるわけではないということだ。ふたりのゲーマーが登校前に話しているのを見かけ、ランチ時には別のゲーマーふたりが食堂にいるのを見かけるかもしれない。だが、さまざまに異なるペアやグループのメンバーが一緒にいるところを頻繁に目撃するうちに、誰と誰がそのグループに属しているのかをだいたいは知ることができる。

第二に、グループとのつながり方にはメンバーによって強弱の差があるということ。たとえば、体育会系が集まっているところにルーシーはよくいるかもしれないが、エリックはそうではなく、20%ぐらいの頻度でしかそこにはいないかもしれない。

同じ考え方をことばにも適用することができる。誰と誰がよく一緒にいるかで、あるグループに誰が属しているかを推測できるのと同じように、トピックモデリングと呼ばれる統計的手法を使うと、単語の共起性〔特定のテキスト内にふたつの語が同時に現れることを表す言語学用語〕を利用して、そのときの関心の対象である話題やテーマを推測することができる[5]。

たとえば、「love（愛）」という語を含む曲に「heart（ハート）」「feel（感じる）」という語も多く含まれているとすれば、それらをすべてグループ化できる可能性がある。同様に、「bounce（弾む）」「clap（手を叩く）」「jump（ジャンプする）」「shake（揺れる）」といった語がよく一緒に出現するのなら、それらもグループ化できるかもしれない。トピックモデリングは、歌詞（あるいは他の文章のまとまり）とそこに出現する単語を横断的に眺め、共起する頻度に基づいて単語をグループ化する。

トピック	トピックの語句の例
怒りと暴力	bad, dead, hate, kill, slay
身体の動き	body, bounce, clap, jump, shake
ダンスムーブ	bop, dab, mash, nae, twerk
家族	American, boy, daddy, mamma, whoa
激しい愛	burn, feel, fire, heart, love
ガールと車	car, drive, girl, kiss, road
ポジティブさ	feel, like, mmm, oh, yeah
スピリチュアル	believe, grace, lord, one, soul
ストリート	ass, bitch, dope, rich, street
不確かな愛	ain't, can't, love, need, never

この手法では、事前にグループを設定しておく必要はない。たとえば、「ラブソング」というグループができるはずと予想して、そのグループに入るか入らないかで各曲を分類していくのではなく、トピックモデリングはデータの海のなかからトピック（たとえば、「love」）を浮かびあがらせる。曲に出てくる単語のパターンから、どのようなグループがいくつできるかが決まっていく。「love」に2〜3種類のタイプがあるかもしれないし、家族やテクノロジーなど、リスナーが気づかなかったテーマが表れるかもしれない。曲とそのなかの単語を横断的に見ることで、メインのテーマが表れるのだ。

われわれは、数千曲の歌詞にこのモデリングを実行し、そこに登場する主要なテーマやトピックを特定した。想像どおり、「love（愛）」は主要なテーマのひとつだった。激しい愛もあれば、不確かな愛もあった。

ほかのテーマもあった。身体の動きや、ダンスのムーブ、若い女性《ガール》と車など。

ほとんどの曲には複数のテーマが混在していた。ホイットニー・ヒューストンの《すてきなSomebody》はダンスがテーマのひとつでありつつ、ラブソングでもある。「家族」と「ポジティブさ」の両方にフォーカスした曲もあった。ひとりの高校生が体育会系でありゲーマーだったり、あるいは、演劇好きでクラスのお調子者だったりするように、曲も、比重のちがいはあるかもしれないが複数のテーマについて歌うことができる。

あるテーマの性質をもつ単語が各曲にどのくらいの頻度で出現するかを把握することで、各曲がそのテーマとどのくらい関係が深いかを数値化した。さらに、あるジャンルの全曲を平均化すれば、そのジャンルが何を歌おうとしているのかという傾向をつかむことができる。

たとえばカントリーソングは、ガールと車についてよく歌う（カントリーソングの40％がこのテーマだった）が、身体の動きについては歌詞にあまり出てこない。ラップの曲はストリート・カルチャーについて多く歌い、愛についてはあまり歌わない。ダンスとロックは激しい愛について多く歌い、ポップは不確かな愛について歌う。

最後に、われわれは非定型性と成功の関連度合いを分析した。どのジャンルでも、ヒットした曲は、同じジャンルのほかの曲と似たこと、あるいはちがうことを歌う傾向があるのだろうか。

たしかに、カントリーソングはガールと車について多く歌うが、個々の曲を見ると、そのトピックへの忠実さの度合いにちがいがある。ある曲にはそのトピックが繰り返し登場するのに、別の曲はそうでもなかったりする。同様に、多くのロックは激しい愛を歌うが、不確かな愛やダンスムーブに深く触れるロックもある。同じジャンルの別の曲と比較することで、その曲がどれだけ典型から外れているか、また、そのことが人気の要因になっているかどうかを判別できる。

分析したところ、非定型的な曲のほうがヒットすることがわかった。たとえば、カントリーソングのジャンルで、ガールと車をテーマにした曲は売れやすかったが、ダンスムーブやストリートなど、より非定型的なテーマを扱った曲は、さらにヒットしやすい傾向があった。歌詞の内容がジャンルとは異なるものであればあるほど、人気の出る傾向があったのだ。

有名なアーティストが非定型的な歌詞を使いがちだからとか、非定型的な曲のほうがオンエアされやすいからという理由もあるが、それだけではない。このような統計上起こりうるミスリードを考慮しても、非定型的な曲はより多くの売上とストリーミング配信を記録していた。

実際、同じ曲がふたつの異なるジャンルでチャートインした場合でも、その曲の人気はより非定型さの強いジャンルの順位のほうが高かった。アーティストも歌詞も何もかも同じなのに、歌詞がジャンルにとって異質な曲はよりよい結果を残したのだった[*]。
ちがいが成功を呼んだのだ。

リル・ナズ・Xのヒット曲に話を戻そう。非定型性と成功の関連に照らせば、《オールド・タウン・ロード》がなぜあれほど成功したのかを説明しやすくなる。

この曲には、カントリーミュージックの要素がふんだんに盛り込まれている。バンジョーの音色で始まり、歌詞のはじめに、カントリーにとってなじみ深い乗馬の話が来る（「ああ、おれは自分の馬で田舎道をゆくさ／もう無理ってなるまでゆくさ」）。

さらに聴いてみると、カウボーイブーツやハット、ラングラーのジーンズ、ロデオなど、カントリーのお決まりの要素が次々に出てくる。リル・ナズ・X自身、リリース時にこの曲はカントリーだと言っており、リミックスにはカントリー界のレジェンド、ビリー・レイ・サイラスが参加している。ビルボードチャートにデビューしたときには、「ホットなカントリーソング」リストに載った。

だが、さらによく聴いてみると、《オールド・タウン・ロード》は典型的なカントリーソングとはずいぶん離れていることがわかる。馬やカウボーイブーツのほか、ラップでよく歌われるポルシェや危ない酒《リーン》、おれの女《ブーティ》についても歌っている。ビリー・レイ・サイラスとのリミックスでは、高級車のマセラティやフェンディのスポーツブラも登場する。しかも、カウボーイハットのブランドはステットソンではなく、なんとグッチだ。

旋律も同様だ。たしかにバンジョーは使われているが、カントリーよりもヒップホップでなじみ深い８０８のビートやベースも随所に使われている。実際、《オールド・タウン・ロード》はビルボードの「ホットなカントリーソング」チャートに初登場した翌週には「ホットなラップソング」チャートに移動している。

カントリー・トラップと呼ぶにしろ〔「トラップ」はヒップホップのジャンルのひとつ〕、ヒックホップと呼ぶにしろ〔カントリーとヒップホップを融合したジャンル〕、あるいはほかの呼び方をするにしろ、《オールド・タウン・ロード》は明らかに非定型な曲だ。このように、ジャンルを飛び越え、境界を打ち破った曲は、分類の枠に収まらない。カントリーと呼ぶにはラップ色が強く、ラップと呼ぶにはカントリー色が強いこの曲は、既成

＊　読者のなかには、少なくともある程度は成功した曲だけを分析の対象にしたから、非定型的な曲のほうに人気があったと見えるだけなのではと疑問に思う人もいるだろう。人気の出なかったいわゆる失敗作にも、標準とは異なる傾向があったかもしれない、と。この可能性を検証するために、われわれはヒットしなかった対照群をマッチングさせて分析した。ヒットチャートにランクインした各曲について、同じアーティストの同じアルバムから、ランクインしなかった別の曲をランダムに選んだ。ヒット曲と比較すると、マッチングした非ヒット曲はより典型的であり、非定型性が成功を後押しするという考えを補強する結果となった。

概念にとらわれず、新しいものを生み出している。

この曲自体は非定型的だったが、成功の理由は非定型的ではなかった。つまり、この曲の成功は予測できるものだった。その非定型性こそがヒットした理由だったのだ*。

類似性が適しているとき、相違性が適しているとき

楽曲の分析は興味深かったが、まえに述べたメールの研究と照らし合わせると、いくつかの疑問が浮かびあがる。会社では似たような言語を使ったほうが出世しやすかったのに、音楽の世界ではちがう言語を使ったほうがヒットしやすいという結果が出た。では、似ているほうがいいときと、ちがうほうがいいときとは、それぞれどのようなときなのだろうか？


ある領域に共通する特徴や、別の領域とのちがいを見つけるのはむずかしくない。メールの言語はフォーマル度が高く、音楽はより表情力が豊かだ、とか、メールは少人数に向けて書かれることが多いが、音楽はより多くのリスナーに向けて書かれる、など。

だがここで考えるべきなのは、類似と相違が何を喚起し、何を暗示するのかということと、ある特定の文脈においてはどちらが優れているのか、ということだ。

ことばの類似性には多くの利点がある。似たことばを使うためには、まず相手の話すことを聞かなければならないため、自然な成り行きとして、デートもビジネスの交渉も、あらゆることがうまく進みやすい。[6] すでに述べたように、ことばが周囲と似ていると、同じチームやコミュニティの一員であると感じられ、互いへの好感や信頼、所属意識を高めることができる。実際、友だち同士は似たようなことばを使うものだし、似たことばを使う人たちは友だちになる可能性が高い。誕生日が同じだったり、高校が同じだったりするときのように、似たことばを使うということは、ふたりのあいだに何か共通するものがある、あるいは考え方が近いというシグナルになる。

とはいえ、相違性にも利点はある。同じ会話ばかりだとすぐに飽きるのと同じで、どんなにいい曲でもずっと聴いていたらやがて飽きてしまう。人には目新しさや刺激に敏感に反応する性質があり、新しいものに価値を感じやすい。同じことを繰り返すよりも、バラエティに富

＊　非定型的な楽曲が人気を得るようになった一方で、より典型的な音楽的特徴は、その楽曲が属するジャンルを強固にすることに役立つという見方もある。たとえば、《オールド・タウン・ロード》の冒頭のバンジョーはすぐにカントリーソングを連想させる。耳慣れた音と斬新な歌詞が、新と旧の最適なミックスなのかもしれない。類似性からは温かな親しみやすさ、相違性からは刺激と新しさを感じるのだ。

み、興奮を与えてくれる新しい何かを求めている。

差異化は、創造性や記憶の定着にも役立つ。独創的なアイデアはさまざまに異なる思考のなかから飛び出すものであり、スローガンや映画から引用される名言（「フォースと共にあらんことを」「スカーレット、はっきり言っておれの知ったこっちゃない」）は、個性の強いもののほうが記憶に残りやすい。[7]

全体として、類似性と相違性にはいいところも悪いところもある。類似性は親しみやすく安全だが、退屈でもある。相違性は、刺激的でわくわくするが、リスクにもなりうる。

だから、類似性と相違性のどちらが適しているかは、そのときの文脈で何に価値があると見なされるかによって変わってくる。

ほとんどのオフィスでは、場に溶け込むことが重要視される。企業が革新性や創造性を欲しているのは確かだが、経営陣が従業員にまず求めるのは指示に従い、やるべき仕事をこなすことだ。組織に同化し、組織の一員となれる人材が必要なので、組織で使っている言語と整合性のある言語を使えるかどうかは明快なシグナルとなる。ちがいが重視される場合もあるだろうが、基本的には似ているほうが好まれる。

だが、新しい音楽を生み出そうとするときには、人は刺激を好む生き物だから、ちがいのあるほうが望ましい。映画も異質なものがヒットしやすいし、ミュージカルなど他の文化的商品にも同じことが言えるだろう。ミュージカル『ハミルトン』が大ヒットした理由のひとつは、そのスタイルが観客の慣れ親しんだものとは異なっていたからだ。

ただし、一般的には非定型的な曲のほうが人気ななかで、ポップミュージックでは逆のパターンが見られる。うなずける話だろう。ポップミュージック（ポピュラーミュージック）は、その名前から見ても、類似していることが尊ばれる。ありきたりだとか、判で押したようなどとよく冷笑されるが、もともとこの音楽は前衛的ではなく主流になることを目指して生まれた。親しみやすさが重視される分野では、似たような曲が成功しやすいのは当然のことだ。

あなたが働いているのは創造性や革新性、刺激が重視されている職場だろうか？　もしそうなら、ことばの相違性が有利に作用するかもしれない。あなたが働いているのは、親しみやすさやなじみやすさ、安全な感覚が望まれる職場だろうか？　もしそうなら、ことばの類似性のほうが有利かもしれない。

ことばのアルゴリズム

ビール愛好家のサイト、メールの文章、音楽のヒットの研究を進めるなかで、類似性は別の観点でも重要であることが判明した。それは、同じものの一部あるいは断片（たとえば、本のなかの章）間の類似性だ。

あなたが『ドラゴン・タトゥーの女』という作品名を聞いたことがなくても、周りにはそれを知っている人がきっといるだろう。この心理スリラーは、スウェーデンの作家スティーグ・ラーソンの『ミレニアム』シリーズの第1作目で、頭脳明晰だが深刻なトラブルを抱えた凄腕《すごうで》コンピューター・ハッカーの主人公リスベット・サランデルを世界に知らしめた。スウェーデンで出版されたこの小説は、同国で高い評価を得たあと、世界中で翻訳された。シリーズ累計の発行部数は1億冊を超え、21世紀のトップ100冊にも選ばれている。

ヒット作が生まれた背景には、当然ながらさまざまな要因がある。テーマがおもしろいこと、登場人物が魅力的であること、プロットが優れていること。では、プロットが優れているとはどういうことだろうか。

第5章で述べた「感情の軌跡」はひとつのヒントだが、それだけではない。『ドラゴン・タトゥーの女』のような本のレビューでは、よく同じフレーズが使われる――「ストーリーの展開が速い」「手に汗握る展開で、だらだらしたところがない」「先を早く読みたくて時間を忘れた」など。おもしろかった本を形容するのに人はよく「展開の速さ」を挙げる。展開が速いとはどのようなプロットなのだろうか。プロットの展開が速いのはつねにいいことなのだろうか。

この問いに答えるには、まず単語同士の関係、すなわち類似性を理解する必要がある。グレープフルーツに最も似ているのはどれだろう？　キウイフルーツかオレンジか、それとも虎？

簡単な質問のように思える。あなたが3歳以上なら、答えはすぐにわかるだろう（オレンジ）。だが、何千何万個の単語の類似性をすばやく判断するには、コンピューターの助けがいる。ところが、このような問題は、コンピューターでも正解するのが意外にむずかしいことがわかっている。

機械学習は、コンピューターがデータから学習できるという考えに基づいている。アクセスできる情報をもとに、ほとんどあるいはまったく人間の介在なしに、パターンを特定し、意思決定までおこなう。

アマゾンやネットフリックスのおすすめ商品を考えてみよう。これらは、ウェブ上で情報を探し回るどこかの人間や妖精がつくったものではなく、機械が作成したものだ。専用のアルゴリズムが、あなたが閲覧または購入したものと、他の人が閲覧または購入したものを調べ、そのデータを根拠として、あなたが好みそうな商品を推測するのだ。

最近、仕事用のシャツやキッチンに置くコーヒーメーカーを買った？　もしそうなら、アマゾンは、これらの商品を買ったほかの人が好む傾向のある、同じようなシャツや別のキッチン用品を提案してくるかもしれない。最近、映画『ボーン・アイデンティティー』を観た？　もしそうなら、ネットフリックスは、ジェームズ・ボンド映画やその他のアクション映画を提案してくるかもしれない。

このような提案をするには——とりわけ正確な提案をするには（相手を買う気にさせるには）、アルゴリズムが関係性を観察して把握する必要がある。Xを買った人はYを好む傾向があるとすれば、Xを買った人にYを薦めるのはおそらく理に適っている。

携帯電話の自動補完《オートコンプリート》入力も似たような機能だ。dを入力すると、「do」という単語が表示されるかもしれない。その単語を確定すると、今度は、「we」「need」「more」「milk」などがシリーズで表示されるかもしれない。アルゴリズムは、あなた（またはほかの人）が書いた単語やフレーズをもとに、あなたが何を言いたいのかを推測する。

だが、おすすめ商品とは異なり、キウイフルーツとオレンジのどちらがグレープフルーツに似ているかを判断するのはコンピューターにとってけっこうむずかしい。両者の関係は簡単に観察できないからだ。グレープフルーツを買う場所はほとんどの人にとってアマゾンではなくスーパーマーケットであり、スーパーでの購買データはアルゴリズムにとってさほど有用ではない。グレープフルーツを買う人もいれば、キウイを買う人もいれば、オレンジを買う人もいるが、買い方のパターンからは、商品の類似性についてはあまりわからない。スーパーでグレープフルーツを買う人は、パンや魚などいろいろなものを同時に買う可能性があるが、一緒に買うことが多いからといってデータを学習させる意味はあまりない。グレープフルーツはカッテージチーズと一緒に買われることが多いという結果が出たとしても、このふたつは似ていない。

このように、購買データは類似性の推測にはあまり役に立たないが、一方で、日常会話のデータはおおいに役に立つ。

毎日、数十億人がインターネット上で何兆語にのぼることばを書いている。ニュース記事が配信され、オンラインレビューが投稿され、情報が更新される。それぞれの記事やレビューはさほど重要でないように見えるかもしれないが、それらを組み合わせることで、さまざまな概念や考え方のあいだにある関係を包括的に見ることができる。

「医師が手術室に入ってきて、手袋をはめた」という文章を考えてみよう。短く、単純な文章のようだが、コンピューターにとっては、有益な情報が多く詰まっている。つまり、「医師」と呼ばれる人が「手術室」と呼ばれる場所に入り、「手袋」と呼ばれるものをはめていると。

曲のテーマを特定する場合と同じように、似たような単語が使われている文章を数多く読むうちに、異なる単語や概念、アイデアがどのように関係しているかがつかめるようになる。「医師」がしばしば「手術室」に出入りし、「手袋」を使い、「患者」に話しかけるのであれば、「医師」がどのような存在で、どんな仕事をしているのかが見えてくるのだ。

幼い子どもはこのようにして学んでいく。あなたが顔の真ん中にある出っ張りを指差して「鼻」と言うのを見た生後15カ月の子どもは、それがなんのことかわからない。その子にとって「鼻」は、「民主主義」や「国教廃止条例反対論」と同じくらい、異質で耳慣れないことばだ。だが、あなたが自分の鼻やその子の鼻を指差して「鼻」と言い、絵本のなかの鼻の絵を指差して「鼻」と言うのを何度も聞くうちに、やがてその子は「鼻」が何であるのかを学ぶ。

機械も同じように学習する。たとえば、ウィキペディアの全項目やGoogleニュースに現れたすべての語句を読み込むことで、コンピューターはそれぞれの単語が何を意味し、他とどのように関係しているのかを学び始める。

「犬」が「人懐こい」と一緒に語られることが多ければ、人間の読み手も機械も、そのふたつの概念を関連性の高いものとして扱うようになるだろう。「猫」が「気分屋」と一緒に語られることが多ければ、ふたつの概念の結びつきが強まる。

このような結びつきを認識するうえで、単語が同じ文に出てくる必要はない。「犬は動物である」「動物は人懐こい」のようなフレーズが頻繁に出現すると、たとえ「犬は人懐こい」と明示的に結びつける表現が多くなくても、コンピューターは「犬」と「人懐こい」を結びつけて記憶する。

イギリスの言語学者J・R・ファースはかつて言った。「周りにある仲間を見れば単語がわかる」。別の言い方をすれば、単語の意味や他との関連性は、その単語が出現する文脈やそれを取り囲むほかの単語を見ることでより多くを学べるということだ。よく一緒にいる人たちは友だち同士だろうと推測できるように、単語も近くにあるものはなんらかのつながりがある可能性が高い。

この考えを土台とし、単語間の関連性を利用して多次元空間に単語を描く「単語の埋め込み（ワードエンベディング）」と呼ばれる手法がある。新しい家やアパートメントに引っ越して台所に物を置くとき、私たちはだいたい、関連するものを一緒に置こうとする。スプーンはカトラリーの引き出しに、野菜は冷蔵庫に、洗浄剤はシンクの下に。

「単語の埋め込み」は、これと似たようなことを単語でおこなう。単語同士の関連性が高いほど、近くに配置するのだ。たとえば、「犬」と「猫」はどちらも動物であり、ペットとして飼われることが多いので、かなり近い位置にあると考えられる。どんなイメージかで見ると、「犬」からは「人懐こい」、「猫」からは「気分屋」が連想されるかもしれない。

関係の深い単語は近くに現れるため、単語間の類似性は距離で測ることができる。たとえ

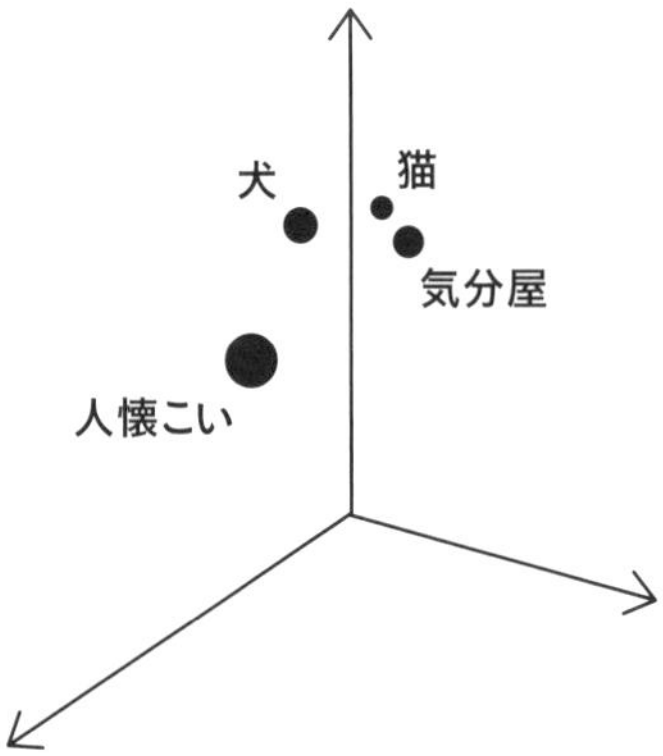

この手法では、2次元や3次元ではなく、数百の次元を使うことが多い。

ば、「グレープフルーツ」は「キウイ」よりも「オレンジ」の近くにあるので、「オレンジ」のほうに似ていることがわかる。そして、まあ予想どおりだが、これら果物の単語はどれも、「虎」からはかなり離れている。

語りの速度の効果

「単語の埋め込み」手法はじつに強力だ。第7章で取りあげるとおり、ジェンダーに関する偏見や人種差別、思考の進化まで、あらゆる研究に活用することができる。

同僚たちと私は、プロットが速く進むほど本や映画はヒットしやすいのかどうかを調べる目的で、大きなテキストの塊（文章や段落）に「単語の埋め込み」手法を適用することにした。程

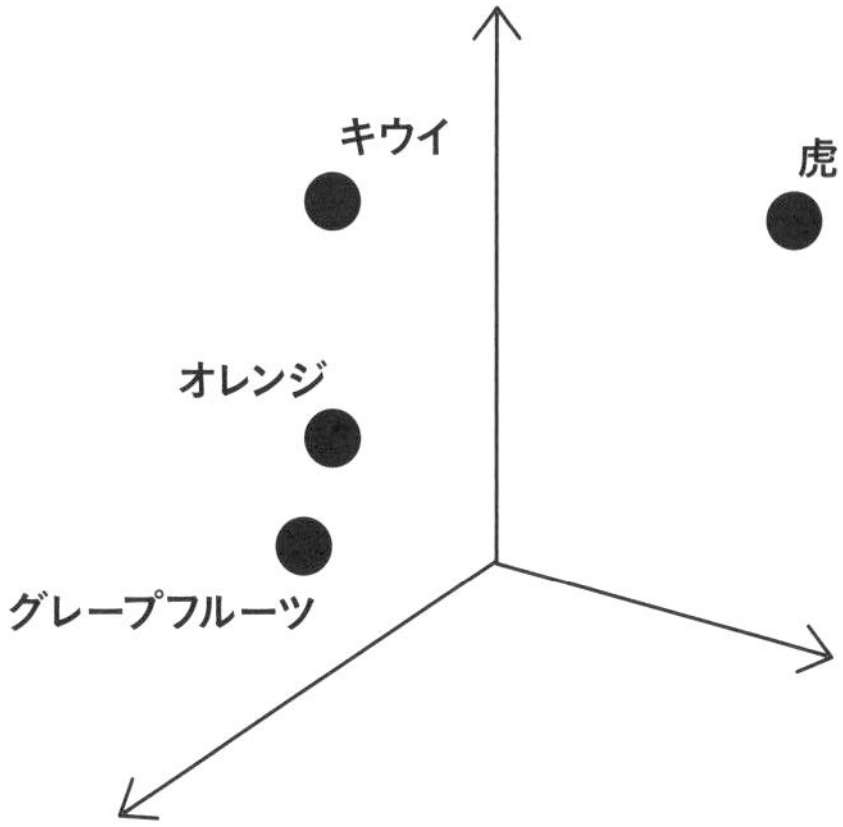

度の差こそあれ、ふたつの単語に似たところや関連したところがあるように、本や映画などのコンテンツでもふたつの部分が似ていたり関連していたりする。

学校で習った地学の教科書を思い出してほしい。地殻や地震、気象、太陽系についての章があったはずだ。

どの章にも当てはまることだが、たとえば地震の章の冒頭部を見ると、同じ章の次に来るパートとかなり関係がある。地震の定義から始まり、次に、地震の原因について説明していたとすると、どちらのパートにも似たような単語、フレーズ、概念が含まれる（「地震」「断層」「プレートテクトニクス」など）。

だが、同じ章のなかの連続したパートはよく似ているのに対し、パートが離れれば離れるほど関連性が薄れていく。地震の章に出てくる概念や用語、理論は、太陽系の章に出てくるものとはかなりちがう。

この考え方は、小説や映画、あるいはあらゆる文章にも当てはめることができる。結婚式のシーンは、同じ結婚式の別のシーンとよく似ているだろう。登場人物は同じだし、舞台も同じ、ほとんどの人は結婚式に関連した動きをしているはずだ。

だが、その結婚式のシーンは、エイリアンの襲来やスキューバダイビング、車の修理のシーンとは似ていないだろう。登場人物の一部が重なっていたとしても、舞台や小道具、起こる事柄はまったくちがう。

注意しておきたいのは、本や映画の連続したパートには少なくともなんらかの関連性があるのがふつうだが、関連の程度はさまざまで、よく似ている場合もあれば、かなりちがう場合もあるということだ。

物語の連続するパート間の距離を測ることで、われわれは物語がどのくらい速く動いているかを判断することにした。[8] たとえば、ある物語が結婚式のシーンからエイリアン襲来の場面に飛んだ場合、結婚式のシーンから次の結婚式のシーンに飛んだ場合よりも速く動いたことになる。速い車は遅い車よりも同じ時間で長い距離を走るように、物語も、関連の少ない場面へ一気にジャンプすれば、それだけ速く進んだことになる。

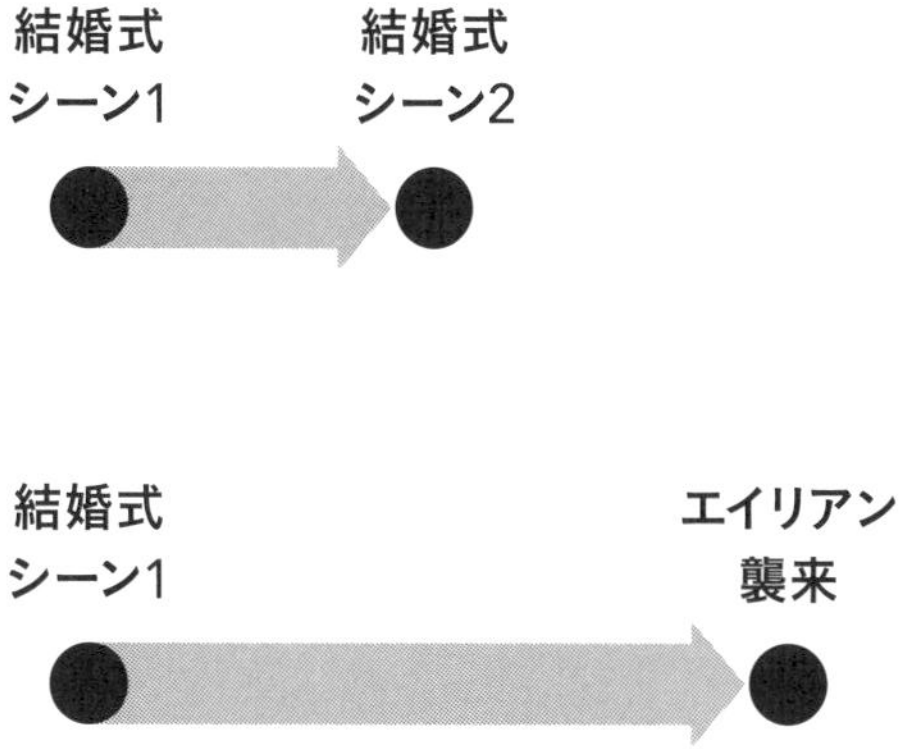

そこで、チャールズ・ディケンズやジャック・ケルアックの名作から、ニック・ホーンビィの『ハイ・フィデリティ』やダニエル・スティールの『セーフ・ハーバー』といった比較的最近の本、『スター・ウォーズ』『パルプ・フィクション』などの映画、『アイ・ラブ・ルーシー』『サウスパーク』『フライデー・ナイト・ライツ』などのテレビ番組まで、数万作の書籍、映画、テレビ番組を分析し、物語の進む速さと成功との関連性を調べることにした。

全体として、速さはいい影響を及ぼしていた。本も映画もテレビ番組も、展開の速いもののほうが遅いものより好まれた。

非定型的な歌詞の曲が人をより惹きつけたように、進行の速い物語はより刺激的なものになる。淡々とただ進むよりも、趣の異なるトピックや舞台のあいだを早足で進むほうがエキサイティングであり、観客の好感度もあがるのだ。加えて、ひとつの物語のなかで、プロットを速く進めるべきときと、ゆっくりにすべきときのあることも判明した。[9]

本や映画の冒頭は、キャンバスに喩《たと》えれば真っ白な状態だ。観客は、誰が登場してくるのか、舞台設定はどうなっているのか、シーンの一つひとつがどのように関係しているのか、何も知らない。そのため、物語の冒頭は舞台を設定し、その先のための土台や足がかりをととのえようとする。

多くの場合、ゆっくり始めることが肝腎だ。観客が登場人物やその関係性などを消化するまでには時間がかかるので、最初から速く飛ばしすぎるプロットは、観客を混乱させかねない。陸上のリレー競技で、第2走者が早く出すぎて、第1走者が追いつけずバトンを渡せない光景をたまに見かける。物語も同じで、いきなりの急展開は観客を置いてきぼりにするおそれがある。

われわれの研究でもまさにこれが判明した。物語の初期の段階では、速さは不利に働いた。観客は、はじめのうちは遅く進む物語のほうに好意的に反応したのだ。

実際、よく知られている民話や童話は、さくさくと話が進むというよりは、文言の繰り返しで始まることが多い。たとえば、『三匹の子豚』では、最初の豚が藁《わら》で家を建て、狼《おおかみ》がそれを吹き飛ばす。次の豚にも似たようなことが起こり……と続いていく。

ジョークも同じだ。喜劇では、同じようなことが複数の人に起こる「3の法則」や「コミック・トリプル」と呼ばれるルールに沿うことが多い。あるバーに神父が入り、何かが起こる。次に、尼僧がバーに入り、同じ何かが起こる、という具合に。

だが、類似性によって土台ができたら、物語は前進しなければならない。3匹目の豚や、3番目にバーに入った導師にまったく同じことが起こったら、観客は飽きてしまう。つまり、類似性は舞台をととのえ、期待感を高めるのに役立つが、観客が登場人物にひとまず出会い、筋の背景を理解したあとは、似たことではなく何か変わったことを発生させるべきなのだ。

実際、物語が進むにつれて、速さの効果は逆転していく。はじめのうちはゆっくりと物語を味わっていた観客も、やがて速い展開を好むようになり、物語の終わりに近づくほど、ますます速さを喜ぶようになった。

速いほうがいいのか遅いほうがいいのかは、物語がいまどの地点にいるかによって異なる。最高のプロットは、ゆっくりと始まり、観客を惹きつけたところでギアを切り替え、興奮と一体感をぐんぐんと高めていくものだろう。

まとめると、これらの発見は、会話やスピーチや、他のコミュニケーション全般に重要な示唆を与える。楽しませることが目的ならば、速さは重要だ。速い展開は観客を刺激し、強く惹きつけていく。一方で、作品の冒頭についてはおそらく、観客全員がその世界に溶け込んでいけるように時間をかけるほうがいい。物語が進むにつれてスピードをあげていくのだ。

ただし、情報を伝えることが目的ならば、別の進め方のほうが適している場合もある。「楽しませる」よりも「情報伝達」を重視する学術論文を調べてみると、高い評価を得るうえで展開の速さはむしろ邪魔だった。関連するアイデアのあいだをすばやく移動することは、コンテンツを刺激的にするが、同時に話についていくのをときにむずかしくする。提示したいアイデアが複雑な場合で、情報提供が目的であるのなら、速度は遅いほうがよいかもしれない[*]。

＊　われわれはまた、物語がどのくらいの幅をカバーしながら進んでいくかも測定した。物語は「盛りだくさん」や「堂々巡り」と評されることがあり、前者は物語のボリューム（分量）の多さを、後者は展開の回りくどさを表していると言える。

ボリュームの例としては、40分で4マイル（1マイル＝約1・6キロ）を走るというのは、1周1マイルのコースを4周する場合もあるし、4マイルの距離のロードを1回走る場合もある。後者のほうが、より多くの場所を通ることができる。

誰かがつくった物語にしても、自分で語っていく物語にしても、同じことが当てはまる。広い範囲をカバーし、互いにかなり離れた異質なテーマを横断していくものもあれば、より範囲の狭い、関連するテーマの小さなまとまりにとどまるものもある。これを見きわめるために、われわれはその範囲を各作品ごとに測定した。

ボリュームは、成功を説明する要因として有効だった。たとえば映画の場合、盛りだくさんであることはヒットにつながりやすいが、TV番組ではむしろ害になる。このちがいはおそらく、視聴者が映画とTVという異なるメディアに何を求めているかに起因する。映画を観る人はふつう、何かを体験したり、ふだんとはちがうことを考えたり、非日常の世界に運ばれたりすることを求めるものだが、TV番組はもっと手軽な気分転換として消費されることが多い。そのため、TV番組でテーマがあちこち飛び移ると、視聴者はかえって混乱し、充分に楽しめなくなるおそれがある。

さらにわれわれは、「回りくどさ」の程度、すなわち、筋がまっすぐに進むか曲がりくねっているかについても測定した。回りくどさは悪いことのように思われがちだが、必ずしもそうではない。学術論文にとってはじつは有益なのだ。重要な概念を一度掲げて終わりにするのではなく、繰り返し提示し、複雑な論理の奥深くまで探究したり、異なる応用法を模索したりすることで、読み手は重要な概念をより正確に理解でき、学びを深めることができる。

第6章のまとめ

私たちは、何を伝えたいのかにとらわれるあまり、それをどのように伝えるかはあまり考えないことが多い。ましてや、ことばの「類似性」などは意識することすらめったにない。

類似性を活用する利点はおおいにあるが、だからといって、いつもそれが重要なわけではない。昇進や解雇の可能性を考えたり、楽曲や書籍や映画がヒットするかを見極めたりするときなど、あらゆる場面でふさわしいことばを選ぶことがたいせつになる。

1 類似性を活《い》かす

親しみやすさが好まれる状況や、場にフィットすることが目的である場合には、周りと似たような言語スタイルを使うのが有効だ。たとえば、同僚がどのようにことばを使っているかに注意を払い、その様式を取り入れることで、会社で成功する助けになるはずだ。

2 相違性を利用する

類似性がつねに望ましいとはかぎらない。とくに、創造性や革新性、刺激的な発想が重視される局面では、異質なものを取り入れ、目立つほうが有利に作用することがある。

3 ストーリーの速度や範囲を適切なものにする

プレゼンテーションの原稿を準備するとき、物語を書くとき、独自のコンテンツを作成するときには、アイデアの披露をどのように進めるかを考えよう。

楽しませることが目的の場合には、観客の気持ちをつかむためにまずはゆっくりと始め、その後、スピードをあげて興奮を高めていく。

一方、情報提供が目的の場合には、スピードは遅めにし、奥深さや丁寧さを重視するほうがよいだろう。

ことばの「類似性」、「相違性」について知り、効果を理解できたら、コミュニケーションの質は高まり、コンテンツの精度はあがり、成功を収めることができる。

ここまで、ことばのもつパワーを6つのカテゴリから検証し、話し方のテクニックを紹介してきた。最後となる次章ではさらに一歩進んで、ことばによって見えてくるもの、ことばと社会のつながりについて見ていこう。

第7章

「ことば」をつうじて、世界を見つめる

1727年12月13日、ロンドンのシアター・ロイヤルで、ある芝居が初演の日を迎えた。劇作家ルイス・シオボールドの書いた、悲劇と喜劇が交じり合う『二重の欺瞞《ぎまん》』だ。高貴な生まれと貧しい出自の若い女性ふたりと、気高い精神の持ち主と悪党の男性ふたりを中心に据え、絡み合う人間模様、一族の歴史、対立と和解を描いている。

だが、この芝居で最も注目を集めたのは、その出処《でどころ》だった。標題には、原作がほかならぬウィリアム・シェイクスピアだと書かれていた。シオボールドが言うには、知られていなかったシェイクスピアの原稿を発見し、それを丹念に復元して、『二重の欺瞞』に再構成したのだそうだ。

だが、その原稿は本当にシェイクスピアが書いたものだったのだろうか？　その初演の時点で、シェイクスピアが世を去ってから１００年以上が経っていたのだから、誰が断言できるだろうか。

疑惑のシェイクスピア――謎解きはことばとともに

歴史上最も偉大な劇作家を尋ねると、返ってくる答えはだいたい数人の名に集中する。『真面目が肝心』『ドリアン・グレイの肖像』を書いたオスカー・ワイルドは、とくに人気の高い作家だ。また、テネシー・ウィリアムズは『欲望という名の電車』『熱いトタン屋根の猫』などで知られ、アーサー・ミラーは『セールスマンの死』『るつぼ』などアメリカの古典的名作を書きあげている。

そのなかにあって、いちばん多く名が挙がるのが、シェイクスピアだ。出生地にちなんで「エイボンの吟遊詩人」とも呼ばれる、このイギリスの国民的詩人は、英語圏のきわめて偉大な劇作家として広く知られる。『夏の夜の夢』『ヴェニスの商人』などの喜劇、『ロミオとジュリエット』『マクベス』などの悲劇を生み出した天才であり、彼の戯曲はほぼ世界中の言語に翻訳されている。他のどの劇作家よりも作品の上演回数が多く、世界中の劇場で定番となっている。

彼ほどの名声の持ち主ならば、作品を網羅したリストを簡単に参照できると思う人も多いだろう。オスカー・ワイルドにしても、テネシー・ウィリアムズ、アーサー・ミラーにしても、完全な作品一覧ができあがっている。

だが、シェイクスピアの場合には少し事情が異なる。当時は、作品を著作権で保護するという概念がなかったので、他人に盗まれることを恐れた彼は自身の戯曲の台本を配布しなかった。そのため、シェイクスピアの舞台を観た人たちの記憶をもとにした海賊版がつくられることになった。さらに、シェイクスピアは生前、自作の正式な目録を発表していなかったため、混乱に拍車がかかっている。シェイクスピアが書いた戯曲の数を「39作」とする資料が多いが、そのほとんどが「およそ」を付記しており、正確な数は不明なのだ。

シェイクスピア作かどうかで論争の的となった作品のひとつが『二重の欺瞞』だった。シェイクスピアによって書かれたというシオボールドの主張にはそれらしい根拠があった。熱心な原稿収集家であり、シェイクスピアの作品に関する多くの著作を刊行していた彼が、未発表の逸品を発見したとしてもおかしくはない。

だが、シオボールドの言うオリジナルの原稿は書庫の火災で失われたため、真偽を確かめることは困難になった。シェイクスピアがあまりに高名であったことも、多くの人が疑いの気持ちを抱く要因だった。シオボールドとかいう輩《やから》は、無名の誰かの作品をシェイクスピアの作と偽って注目を集め、切符を高く売ろうとする詐欺師ではないか、と。

その後、３世紀近くにわたり、この戯曲の作者について熱い議論が続いた。学者陣のある一派は、シェイクスピア作だというエビデンスを掲示し、別の一派はシオボールド作とする論を張った。事態をさらに複雑にしたのは、１５０年前に、シェイクスピアとジョン・フレッチャー［シェイクスピアとほぼ同時代を生きたロンドンの劇作家］の共作として、同じようなテーマの戯曲がロンドンで上演されていたことだ。

結局、この戯曲は誰が書いたのか？　シェイクスピアなのか、シオボールドか、フレッチャーか、それとも複数人の作のミックスなのか？　可能性のある候補者がみなずっとまえに亡くなっているため、この疑問が解決される日は到来しないように思えた。

ところが２０１５年、行動科学者たちがこのパズルの解き方を発見する。[1]シェイクスピアの研究者に話を聞いたり、特定の単語や言い回しを詳細に追究したりしたのではない。『二重の欺瞞』を読んですらいない。

彼らは戯曲のテキストをコンピューターにかけたのだ。

小さい子どもに動物の見分け方を教えるとしよう。牛、ニワトリ、ヤギなど、農場で見かける家畜を例にとる。

まず、牛の絵を見せて、「ウシ」という単語を何度か言ってみる。次に、ニワトリの絵を見せて、「ニワトリ」と言う。ヤギの絵を見せて、同じことを繰り返す。

だが、おそらく1回だけでは足りないはずだ。それまでに牛を見たことのない生後15カ月の子どもは、すぐに牛を認識することはできないだろう。

つまりは少し練習が必要だ。家畜の出てくる絵本を1冊読み聞かせ、それを何度か繰り返し、別の絵本に移る。絵本によって牛の描き方やポーズがちがうだろうが、牛が出てくるたびに「ウシ」と言いつづけ、子どもが牛という動物と「ウシ」という呼び名を関連づけられるようにする。

「ウシ」ということばと、白と黒の色で覆われた、大きくてずんぐりした、四つ足の生き物の絵を繰り返し結びつけることで、やがて子どもは両者の関係を記憶するようになる。「ウシ」は絵本のなかのひとつの絵ではなく、それ以上の何か大きなものだと。別の絵本に出てくる別の姿をした牛も、同じ「ウシ」として認識し、初めて読む絵本に牛が登場したときも、これまでに憶えた「ウシ」だとわかる。

つまり、牛という概念を学習したのだ。

何かが牛かどうかを識別するのは、分類のひとつの例で、機械にも同じように学ばせることができる。画像認識のアルゴリズムに写真を与え、「これは牛」「これは牛でない」とラベルをつけて、分類を学習させるのだ。やがて、牛の写真を与えると、たとえそれが過去とは異なる牛の姿であっても、他の画像から学んだことを活かして、その写真に写っているものが牛かどうかを正しく分類できるようになる。

テキストも同じように分類することができる。関連する事例を学習させることで、アルゴリズムはSNS上のヘイトスピーチを特定したり、ある記事が社会面や経済面など新聞のどのセクションに分類されるべきかを判断したりできるようになる。

行動科学者たちは、誰が『二重の欺瞞』を書いたのかを特定するために、同様の方法を用いた。候補となる作家が書いたとわかっている戯曲をすべて洗い出し、それぞれの戯曲をテキスト分析ソフトにかけ、数百のカテゴリに分けて単語が登場する頻度を測定した。たとえば、「私」や「そなた」といった代名詞がどれぐらいの頻度で使われているか、感情にかかわる単語が多く出現するか、文字数の多い単語を使う傾向があるか、少ない単語を使う傾向があるか、などだ。

同じ作家の書いた戯曲がどれも同じ傾向にあるとはかぎらないにしても、数十作を分析することで、作家ごとのことばの特徴を数値化することができた。その特徴を『二重の欺瞞』に使われている言語と比較することで、誰が書いたのかを判別したのだ。

分析の結果から、『二重の欺瞞』は偽作ではないことが提示された。最初の3幕は明らかにシェイクスピアが書いたもので、残りの2幕はシェイクスピアの共同執筆者を務めたことのあるジョン・フレッチャー作の可能性が高い。さらに、編集能力の高さで知られるシオボールドが手を入れた痕跡も戯曲に現れていた。

こうして、わずかふたりの行動科学者が、戯曲を読むことなく、何世紀も続いてきた文学の謎を解いたのだ。

ことばでプロファイリングする

本書の第6章までは、ことばの与える影響を中心にして述べてきた。魔法のことば《マジックワード》やフレーズ、言語スタイルをどんなふうに使えば、より幸せに、健康に生き、成功をつかむことができるのか。ことばが、周囲にいる同僚や友人、顧客、クライアントにどのような影響を及ぼすのか。

だが『二重の欺瞞』の事例が示すように、ことばには二重の役割がある。それを聞いたり読んだりする人に影響を与えるだけでなく、それをつくった人（たち）の姿を映し出し、どのような人物かをさらけ出す。

たとえばシェイクスピアは、感情にかかわる単語をあまり使わない傾向があり、一方、シオボールドはよく使った。また、シオボールドは前置詞（of, in, from など）や冠詞（the, an など）を多く使う傾向があり、フレッチャーは助動詞や副詞を多く使う傾向があった。書き手がちがえば、書く文章のスタイルも変わってくる。

このように、ことばには指紋に似た性質がある。それをつくった人の痕跡やシグナルが残る。

さらに、似たような人は似たようなことばを使うことが多いため、その人が残したことばから、その人がどんなグループに属し、どんな属性をもつ人なのかをうかがい知ることができる。年配なのか若者なのか、民主党支持か共和党支持か、内向的か外交的かによって、それぞれ話し方がちがってくる。[2]むろん、まったくちがうことばを使うわけではなく、重なる部分も多々あるが、誰かが言ったことばを知ることで、その人の年齢や政治的見解、性格などをかなり正確に言い当てることができる。

ことばのもつ予測能力はそれだけにとどまらない。誰かが使っている単語から、嘘をついているかを推測したり、学生が志望大学に提出した自身についてのエッセイから、その学生がその大学でよい成績を収めるかを予測したりできる。[3]フェイスブックの投稿内容から、産後うつに陥る可能性を予測したり、[4]恋愛中のカップルがＳＮＳに投稿した内容から（彼らの関係に言及したものではなくても）、まもなく破局を迎えるかを予測したりすることも可能だ。[5]

人はことばを使って自身を表現し、他人とコミュニケーションをとり、目指すゴールを達成しようとする。だからこそ、使うことばは、その人がどんな人物なのか、どんな気持ちでいるのか、将来、何をしている可能性があるのかなど、さまざまなことを語る。当人には、戦略的なコミュニケーションをとろうとか、意図的に話し方をこうしようというつもりがなくても、シェイクスピアやシオボールドの例のように、その人が使うことばはさまざまなことを示す貴重なシグナルとなる。

では、銀行のローンを返せなくなる可能性も語るのだろうか？

ことばは未来を予測する

あなたはいま、面識のない人物ふたりのうちどちらに金を貸すか決めようとしている。屋根の修繕のために2000ドルを借りたいとの申請が出されていて、人口統計学上の属性や年収等の経済的状況はふたりとも同じだ。つまり彼らは、年齢も人種も性別も同じ、住んでいる地域も同じ、収入も信用スコアも同レベルにある。このふたりのちがいは、ローン申請書に書いた文章だけだった。

さて、どちらがきちんと返済し終わる可能性が高いだろうか？

申請者1	申請者2
私は勤勉な人間です。結婚して25年になり、すばらしい息子がふたりいます。なぜ助けが必要なのか、説明させてください。2000ドルの融資で屋根を修繕したいからです。ご検討のほどお願いします。貴行に神のご加護がありますように。必ず返済いたします。	新しい住居で過ごしたこの1年はすばらしいものでしたが、屋根から雨漏りがするようになってしまい、その修繕費用を賄うために2000ドルを借りる必要があります。私はすべての請求書（車のローン、ケーブルテレビ代、水道光熱費など）を期日通りに支払っています。

融資を許可するかを判断するとき、金融機関は、借り手に返済能力があるかどうかを重視するものだ。だがこれは簡単な問いのようでいて、ときにきわめて複雑な計算になる。融資の返済には長い時間がかかるうえ、その過程でさまざまな不測の事態が発生する。したがって銀行やその他の金融機関は、何千ものチェック項目に照らして、融資のリスクを算定しようとする。

最も基本的な項目は、借り手となるかもしれない人の経済力だ。信用履歴には、住宅ローンやその他のローン、クレジットカード利用などの借り入れの件数や、返済に遅延がないか、債務不履行などで口座から支払いが直接回収された履歴はないかなどが記録される。信用履歴や収入レベル、負債額に基づいて算定する、ＦＩＣＯスコアと呼ばれる指標も使用される。すでに過剰債務に陥っている人や、過去に破産を申請したことのある人は、返済の滞るリスクが高いと見なされるだろう。

金銭的な頑健さだけでなく、人口統計学的要因も関係するかもしれない。信用機会平等法や公正住宅法は、人種や性別などの人口統計学的な変数を融資の決定に直接用いることを禁じているが、一部の借り手に対しては、これらに関連した因子が決定の判断材料にされることもありうる。

また、融資自体の性質もかかわってくる。金額が大きければ大きいほど、あるいは金利が高ければ高いほど、債務不履行の可能性は増すだろう。

ただしこれらの情報は、リスクを予測するのには役立つが、完全に診断できるわけではない。たとえば、信用スコアは過去に起こったことのスナップショットではあるが、借り手の健康状態や雇用期間の長短など、より将来を見据えただいじな要素は見逃されがちだ。当人の性格や感情の状態も金融行動を左右するが、数字だけを見た金融指標ではとらえきれない。

その人の使うことばから、より深い判断基準を得ることができないだろうか？

今日の融資市場では、クラウドファンディングやピアツーピア融資のプラットフォームが重要な役割を担うようになった。大手銀行に融資を申請するのではなく、利用者自身が必要額をサイトで募ったり、個人投資家や貸し手になりうる人が融資先を決めたりすることができる。融資する側は他の投資よりも高いリターンを得られることが多く、借り手は銀行を経由した従来の方法よりも金利を低くできることが多い。たとえば、個人間資金調達サイト〈プロスパー・マーケットプレイス〉では、100万人以上が、大学ローンの返済や自宅の改修などあらゆる目的で180億ドル以上の融資を受けることに成功している。

このような場においても、融資を希望する側は、数字による一般的な情報（融資額や信用スコアなど）だけでなく、資金提供を呼びかけるページを提示するのがふつうだ。金を使う用途と、なぜ彼らに資金を投下すべきかを簡潔に説明した文章を載せる。ある人は、事業拡大を目的に掲げ、より多くの業務用品を買い足す必要があるとうったえるかもしれない。別の人は、屋根の修繕や、教室の備品を買い足すために資金が必要だと言うかもしれない。

ページに載せる文章では、資金提供を求める理由だけでなく、使われることばもそれぞれに異なる。先に挙げた、屋根の修繕代2000ドルを申請したふたりの文章もかなりちがっていた。ひとりは自分が「勤勉」であると言い、もうひとりは「すべての請求書を期日どおりに払っている」と述べた。ひとりは、自身の家族について述べ（「結婚して25年」「すばらしい息子がふたり」）、もうひとりは家族には触れていない。

このような記述を、なんの裏づけもない、ただの「きれい事」と考えるのはたやすい。結局のところ、「必ず返済する」と書いたところで、それが保証されるわけではないのだから。「自分は信用できる人間」「信頼に足る人物」といくら言っても、本当にそうかどうかはわからない。

無意味そうなひとことと、借り手が債務不履行に陥る確率とのあいだに関係があるかどうかを明らかにするため、研究チームは12万件以上のローン申請書を分析することにした。[6] 金銭的状況や人口統計学的情報（地理的な居住地、性別、年齢など）に加え、融資希望者が申請書に記入した文章も分析対象に加えた。金の使い途《みち》（屋根の修繕、業務用品の買い足しなど）はもちろん、家族や宗教について触れているかなど、関係なさそうなものまで、あらゆる情報を分析した。

当然ながら、金銭的状況と人口統計学的情報は有意な変数だった。これらの変数だけで、誰が債務不履行に陥るかをかなりの精度で予測することができた。

そこにテキスト分析を加えると、さらに精度があがった。申請者が何を書いたかを分析対象に含めることで、予測精度が大幅に向上したのだ。金銭的状況と人口統計学的情報のみを対象とした場合と比較して、テキスト分析を取り入れた場合には、貸し手の投資収益率が6％近くあがった。

じつのところ、テキスト分析単体でも、銀行が通常おこなうような金銭的状況と人口統計学的情報に基づく審査とほぼ同等の予測精度が得られた。借り手に融資を受けたい気持ちがあるのは当然だが、自分では気づかないうちに、借りた金を実際に返していくかどうかが申請書の文章のなかに表れていた。

研究チームは、返済者と債務不履行者を見分けるのに最適な単語とフレーズを特定した。返済者に見られる傾向は、経済状況に関連することば（「利息」「税金」など）や経済力の向上に関連することば（「卒業」「昇進」など）を使うことだった。金融知識の高さを示すことば（「再投資」「最低支払額」など）も使用頻度が多く、話題には職業や学業、利下げ、月々の支払額がよく登場した。

一方、債務不履行者の使う言語は明らかに異なっていた。経済的困難に関連することば（「ペイデイローン」「借り換え」など）や、生活面での困難に関連することば（「ストレス」「離婚」など）、自身の状況を説明しようとすることば（「理由を説明させてください」など）、つらい仕事環境について語ることば（「ハードワーク」「労働者」など）が増える傾向にある。さらに、助けを求めることば（「支援が必要」「助けてください」など）や、宗教に触れることばも多くなっている。

実際、「再投資」ということばを使った人は完済する確率が5倍近く高かったのに対し、「神」ということばを使った人は債務不履行に陥る確率が2倍近く高かった。

また、返済者と債務不履行者が、同じ話題についてちがう話し方をしているケースも見られた。たとえば、時間に関連する単語は両者とも使うが、不履行者はより短い時間（「来月」など）に、返済者はより長い時間（「来年」など）にフォーカスする傾向があった。同様に、両者とも人について話しているが、返済者が自身について話す（「私は〜しました」「私は〜します」「私は〜です」）のに対し、不履行者は他者（「神」「彼」「母」など）について話す傾向があった。さらに、不履行者が自身を記述に加える場合、「私」ではなく「私たち」とする傾向が見られた。

興味深いのは、不履行者の書き方の特徴は、嘘をつく人や外向的な性格の人の書き方と似ていることだ。不履行者が、申請書を書いた時点で意図的に嘘をついたというエビデンスはなかったが、意図的かどうかは別として、彼らの文章には返済能力に対する疑念が反映されていたのかもしれない。

屋根の修繕のために融資を申し込んだふたりに話を戻そう。どちらの文章にも説得力がある。どちらもいい人そうだし、どちらも金をよい用途に役立ててくれるように見える。

だが、申請者2のほうが完済する可能性が高いのだ。申請者1のほうが魅力的に見えたかも

申請者1	申請者2
私は勤勉な人間です。結婚して25年になり、すばらしい息子がふたりいます。なぜ助けが必要なのか、説明させてください。2000ドルの融資で屋根を修繕したいからです。ご検討のほどお願いします。貴行に神のご加護がありますように。必ず返済いたします。	新しい住居で過ごしたこの1年はすばらしいものでしたが、屋根から雨漏りがするようになってしまい、その修繕費用を賄うために2000ドルを借りる必要があります。私はすべての請求書（車のローン、ケーブルテレビ代、水道光熱費など）を期日通りに支払っています。

しれないが、実際には約8倍も債務不履行に陥りやすい*。

ことばから、その人の将来の行動が読める。隠そうとしても、あるいは自分では気づいていなかったとしても、その人が何をするのか、どうなるのかは、ことばを通してある程度は漏れてくるのだ。

ことばから見える社会

ことばの力を適用できるのは、ここまでの話にとどまらない。なぜなら、ことばは特定の誰かについて語るだけではなく、より広い、社会についても語るからだ。社会には、私たちが世界をどのように見るかをかたちづくる、偏見や信念も含まれる。

性差別は至るところにある。採用や人事評価、業績の認定から報酬額まで、女性であることが不利に作用し、公平に扱われないことがままある。たとえば、同じ仕事をしていても、女性は男性より給料が低いことが多く、履歴書に同等のことが書いてあっても、女性のほうが資質が低いと見なされ、低い給料を提示される。

このような偏見はどこから来るのか？　どうすれば軽減できるだろうか。

性差別や暴力犯罪、そのほか、社会の不健全な面があらわになると、識者はよく文化のせいにする。暴力的なビデオゲームが人を暴力的にするとか、女性差別的な音楽が偏見を助長するとか。

この指摘にはある程度の真実が含まれている。たとえば、女性を否定的に描く歌詞は、女性敵視や女性憎悪の行動を増加させる。一方、平等をうったえる歌詞は、女性賛美の行動を促す可能性がある。つまり、固定観念や偏見が根強い理由のひとつは、私たちが日々消費する楽曲

＊　同様の結果は多くの分野で確認されている。たとえば、オンラインショッピングの利用時に名前と住所をアルファベットの小文字だけで入力する人は、注文した商品の代金を払わない可能性が2倍以上高い。一方、メールアドレスに自身の姓または名またはその両方が含まれている場合は、債務不履行になる可能性が低かった。

や書籍、映画などの文化的アイテムによって継続的に強化されているからだと言うことができる。

ただし、文化的なアイテムは影響を与えるかもしれないが、どの部分がどんなふうに影響するのかの実際の構造はあまり明確でない。音楽について考えてみよう。実際に女性への偏見が歌詞に込められているのか？　歌詞の中身は時代とともにどう変わってきたのだろうか？

この疑問に答えるため、レイハーン・ボグラティと私は、１９６５年から２０１８年までにリリースされた25万曲以上の曲を分析した。[7]比較的新しいヒット曲（例：ジョン・メイヤーやアッシャーの楽曲）や有名なオールディーズ（例：グラディス・ナイト&ザ・ピップスの《夜汽車よ！ジョージアへ》）から、ほとんど誰も聴いたことのないような曲まで、ポップ、ロック、ヒップホップ、カントリー、ダンス、R&Bなど、多彩なジャンルを含めた。

1曲ずつ人に聴いてもらうのは時間もかかるし、主観が入ってしまうので、われわれは自動テキスト分析を実行することにした。例のシェイクスピア探偵団が使ったアプローチと同様に、アルゴリズムに歌詞を読み取らせ、曲によって性別に対する表現が異なるかを判定した。あからさまに肯定的／否定的なことばを使っているかだけでなく、わかりづらい、微妙なニュアンスながら、むしろより影響力を発揮するタイプの偏見――採用活動の場でよく見られる――が含まれているかどうかも調べた。

マイクとスーザンという名の求職者がいるとしよう。ふたりとも優れた人材だ。マイクは実力と経験を備え、スーザンは気さくで親切、褒めことばの尽きないふたりだ。

さて、何が起こったか、気づかれただろうか。なかなかわかりにくいと思う。なぜなら、私たちは偏見や差別の話題になると、明確な表現や行動に目を向ける傾向があるからだ。

採用担当者が男性と女性を区別して扱えば、明らかに偏見があると言われる。また、応募者の名前がディラン（白人男性にありがち）でなく、ディアンドレ（アフリカ系アメリカ人によく見られる）であったときに履歴書の見方が変わるとすれば、それも人種差別と指摘されやすい。

だが、もっとわかりにくい、微妙なかたちの偏見も同様に危険であることがわかっている。マイクとスーザンの表現方法をあらためて見てみよう。表面的には、両者とも肯定的に語られている。だがその肯定的なことばの「使われ方」がちがう。

マイクを表現するのに使われた「実力」「経験」のように、男性はしばしばその能力に基づいて語られる。いかに聡明で知識が豊富で輝かしい人物か、戦略的思考を備えているか、問題解決に長けているか、など。また、「有能な」人物の画像を検索すると、男性の登場する確率のほうが2倍高い[8]。

だが、女性について語るときには、人はしばしば別の特性に注目する。スーザンを表現するのに使われた単語（「気さく」「親切」）と同様に、女性は性格の温かさに基づいて表現されることが多い。きちんとした家庭に育ち、サポート力が高く、人に好かれ、良好な人間関係を築くのに長けているかどうか、相手の成長を助けるのがうまいかどうか、などだ。「温かい」で人物の画像を検索すると、およそ3分の2には女性が登場する。

人柄と能力のちがいは小さなことに思えるかもしれないが、結果には大きな差が生まれる。たとえば、採用や昇進において、とくにリーダーの役割が求められる場合は通常、その人がどれだけ有能に見えるかによって決まる。だが、女性を表現するときに使われることばは能力にはフォーカスしていないことがよくあるため、女性が不利な立場に置かれてしまう。

われわれは、こうしたことばのちがいが、音楽に表れているかどうかを調べた。女性について歌った歌詞が、能力や知性にあまり触れていなかったのかどうか、時代とともにそれが変化してきたかどうか。

結果を見ると、どちら側のエビデンスもあった。ある面では、事態はよくなっていた。1970年代から80年代前半にかけて、歌詞には明らかに女性への偏見があった。知的、賢い、野心的、勇敢な人物が歌詞に登場する場合、それは女性よりも男性であることが非常に多かった。だが1980年代後半から1990年代前半ごろになると、より対等な方向へと推移する。ポップミュージック、ダンス、カントリー、R&B、ロックに至るまで、男女の区別は小さくなり、女性を語るときの形容がより男性に近くなった。

ところが１９９０年代後半になると、この流れは逆戻りする。歌詞は再び偏り始め、現在でも偏りがやや残っている。１９７０年代ほどではないにしても、１９９０年代前半よりは確実に偏りが見られる。*

さらに、このような変化を引き起こしたのは男性のことば遣いにあるようだ。女性ミュージシャンのことば遣いはあまり変わらなかった。１９７０年代にさかのぼっても、女性は男性と女性について同じように語る傾向があり、それは今日まで続いている。だが男性ミュージシャンのことばは１９７０年代に偏り始めたが、１９９０年代前半までには改善が見られ、その後、数十年間は横ばいのままだ。

このような性別によるちがいを示す分野は音楽だけではない。子どもの読む本では登場人物に圧倒的に男性が多く、動物が出てくる場合でもオスの確率が３倍高い。[9] 教科書では、言及さ

＊　ヒップホップはとくに女性差別が強いとよく槍玉《やりだま》にあげられる。ヒップホップというジャンルが人気を博したのは１９９０年代前半からなので、それが現在までの流れに影響を及ぼしているのかもしれない。だが、ヒップホップだけのせいにするのは短絡的にすぎる。他のさまざまなジャンルでも同様の変化が見られたからだ。たとえば、カントリーミュージックも１９９０年代に偏見が強まったし、R&Bやダンスミュージックにもその傾向が見られた。

れる人物の4分の3が男性であり、[10]映画では、セリフのある登場人物のうち女性は30%しかいない。ハーバード・ビジネス・スクールの事例研究でも、中心人物が女性なのは11%だけだ。

また、男女のどちらが登場するかしないかだけの問題ではない。語られるときに、男性と女性では語られ方に差がある。[11]新聞記事に男性と女性が登場した場合、男性は何かの長やリーダーといった肩書きが多く、女性は主婦や受付係といった職業が多い。映画では、女性の登場人物は、成し遂げたことに関してあまり話さない。スポーツでは、女性のテニスプレイヤーは、テニスに関係のない質問（「そのネイルはどこで？」）を男性より2倍されやすい。

この問題を個人のせいにするのは簡単だ。結局のところ、さまざまな職業をもつ人のなかからその人を記事に登場させたのは個々の記者であり、テニスプレイヤーに質問をしたのも個々の記者なのだから。それでも、こうした個人の選択を集計すると、彼らの属する、より大きな社会について多くのことが明らかになる。なぜなら、ほんの数人の記者やミュージシャンが性差別主義者であったとしても、それが社会として記憶されることにはならないからだ。偏った言及があったとしても、公平な考え方をする人たちがはるかに大きければ、埋もれてしまう。

だが、何百何千、何百万もの事例でこのような偏見が持続するということは、もっと奥深い何かがあることを示唆する。このようなことばの痕跡は、少数の個人や彼らの個々の選択を反映しているというよりも、根っこのところに問題が鋭く刺さっていることの表れだ。自分とは異なるグループの人たちへの見方や接し方は定着してしまっていて、変えるのは相当むずかしいということだ。

そして、人種差別ほどそれが顕著に表れている問題はない。

私たちのことばがもつ力

２０２０年3月13日、ブリオナ・テイラーが殺害された。真夜中過ぎ、26歳のこの救急救命士のアパートメントに突入してきた警察によって。当時テイラーはベッドにおり、目が覚めきらない混乱のなかで警察は6回殴り、合計32発を撃って、テイラーを死に至らしめた。

２０２０年5月25日、ジョージ・フロイドが殺害された。フロイドはコンビニエンスストアで20ドル札を出してタバコを1箱買った。だが、その紙幣が偽札だと思った店員が警察に通報した。最初のパトカーが到着してから17分後、フロイドは3人の警察官に押さえつけられ、意識を失った。それから1時間も経たないうちに、死亡が確認される。

これらはアフリカ系アメリカ人を巻き込んで警察権力が行使されたふたつの例に過ぎない。続けざまに起こった事件は全米に衝撃を与え、「ブラック・ライブズ・マター（黒人の命を粗末にするな）」運動に再び勢いをもたらし、人種と警察に関する国民的議論を引き起こした。

だが、このような有名な事件の裏で見落とされがちなのは、警察官と地域社会のあいだでは日々、接触がおこなわれているという事実だ[*]。ある推計によると、人口の25％以上が1年のうち一度以上、なんらかのかたちで警察官と接触している。最も多いのは交通違反の取り締まりだ。

頻度の多い少ないよりも、こうした接触そのものに着目したい。その一つひとつが、警察に対する国民の信頼を築き、あるいは損ない、地域社会との架け橋を強化し、あるいは弱体化させる機会となっている。

彼らの日常的な接触はどのようなものなのだろうか。同じ地域社会のなかで黒人と白人住民の扱いは異なるのだろうか。

その答えは、誰に訊くかによって異なるようだ。黒人のコミュニティの人たちは、警察官とのあいだでネガティブな経験をしたと打ち明ける。不公平に、より手荒く、より敬意のない扱われ方をしたと言う。たとえば、アフリカ系アメリカ人の4分の3以上が、警察は黒人に対し、白人と同じような公平な扱いをしていないと回答している[12]。

当然ながら、警察側の言い分は異なる。自分たちの行動に人種差別が影響していたという考えを、警察官のほとんどは否定する[13]。黒人の死は、少数の悪質な人間やその場の不運な巡り合わせによって引き起こされた、人種問題とは切り離して見るべき事件だと考えている。警察官はたんに犯罪行為に対して行動しただけであって、扱いのちがいは差別意識によるものではなく、犯罪当事者を取り巻く状況によってそうせざるをえなかっただけだと。

さて、どちらだろうか。

2017年、スタンフォード大学の研究チームはそれを突き止めようとした[14]。警察と地域社会間の相互作用は多数の複雑な要因に左右されるが、研究チームは、何が起こっているのを知るための方法としてことばに目を向けた。警察官が白人と黒人の地域住民に話しかけるときの話し方を調べたのだ。

カリフォルニア州オークランド市と協力し、チームは数千件の日常的な交通取り締まりのボディカメラ映像を調査した。そのうち、黒人の運転者が止められた数百のケースと、白人の運転者が止められた同数のケースを分析した。

このような取り締まりにはだいたい、定番の手続きがある。スピードの出し過ぎや、ナンバープレートで検索した車両登録の期限切れがあると、車は停止させられる。警察官は、メモを

＊　言うまでもなく、この問題はひとことで何かを決めつけられるようなものではない。多くの警察官は日々、命を危険にさらして彼らが仕える地域社会を護っている。また、すべての市民は、人種や民族に関係なく、安全、安心、平等な扱いを受ける権利がある。

とり、ナンバープレートをあらためて視認し、ほかには問題のないことを確認したあと、運転席の窓際まで近づいていくことがよくある。

スムーズに事が運んでいれば、そこでいくつかことばが交わされる。警察官は、車を止めた理由を説明し、本人確認のために免許証と登録証の提示を求める。運転者は指示どおりの情報を見せ、必要なチェックがおこなわれるのをじっと待つ。最終的に事態は収まり、警察官と運転者は分かれて去る。運転者が違反切符を切られたり、車のどこかを修理するように指示されたりはするかもしれないが、すべては平穏に終わる。

だが、つねにそのように単純に進むわけではなく、対話が横道へ逸れる場合もたくさんある。警察官は、運転者が武装している、酔っ払っている、あるいは薬物を使用していると懸念しているかもしれない。運転者は、警察官に停止されられることに恐怖や不安を感じ、暴言を吐いたり肉体的に暴れたりするかもしれない。一瞬のうちに制御不能の事態に陥るかもしれない。

平穏に事を終わらせるためには、どちらの側にも望ましいふるまいがあるが、なかでも警察官の使うことばは重要だ。ことばは、相手への敬意と理解を伝えることもできるし、見下しと軽蔑を伝えることもできる。不安を感じている運転者を落ち着かせることも、不安を煽《あお》り立てることもできる。

研究チームは、警察官の発した言語を解析し、白人の運転者と黒人の運転者への敬意の度合いが異なるかどうかを検証した。すべての取り締まりを監視するのには時間がかかるし、研究者自身の偏見が判断に影響するおそれもあるため、言語そのものに語らせることにした。つまり、機械学習を適用し、警察官の使ったことばを客観的に測定し、数値化した。

結果は驚くべきものだった。数百時間にのぼる会話を解析してわかったのは、黒人の運転者に対することば遣いのほうが、礼儀正しさも親しみやすさも相手への敬いもすべて少ないということだった。

白人の運転者に話しかける場合には、警察官は、敬称（「sir」「ma'am」など）をつけることがよくあり、相手を安心させることば（「大丈夫ですよ」「心配いりません」「わかりました」など）を多く使い、運転者を動作の主体として話しかける（「あなたは～ですね」「あなたは～していいですよ」など）傾向が強かった。運転者の姓を呼び、安全について助言し、ポジティブなことばを使う傾向も見られた。

一方、黒人の運転者に話しかける場合には、くだけた呼びかけ（「dude」「bud」「champ」など）を使ったり、質問を投げかけたり、ハンドルから両手を離さないように命じたりする傾向が強かった。この調査から明らかになったのは要するに、「警察と黒人コミュニティの人たちとのやり取りは、白人のコミュニティの人たちとのそれと比べて、より緊迫度が高い」ということだった。

公平を期せば、こうした差異が人種以外の何かによってもたらされている可能性にも言及すべきだろう。もしかしたら、白人の運転者に対して警官がより丁寧だったのは、停車させた車の運転者にたまたま年配や女性が多かっただけかもしれない。あるいは、違反行為の重さによるちがいもあるかもしれない。たとえば、テールランプが片方消えているという軽微なことで停車させられた人と、もっと重大な故障や違反で停車させられた人がいた場合、その重大さがことば遣いのちがいを生んだのかもしれない。さらには、話しかけている警察官の人種や、何かの事件の犯人を捜索中だったかどうかによる差もあったかもしれない。

だが、これらすべての要素を考慮に入れても、結果は変わらなかった。黒人のコミュニティの人たちに話すときの警察官は、相手に対する敬意が低い。同じ年齢、同じ性別、同じような問題、街の同じ場所で停車させられた人同士で比べた場合でも、その人が白人である場合のほうが、警察官のことばはより丁寧だった。

しかも、この差は、ほんの数人の悪質な警官が引き起こしたのではない。警察官が白人だろうと黒人だろうとヒスパニック、アジア系、その他どのような人種であっても、警察官数百人に同じパターンが見られたのだ――黒人の運転者にはあまり敬意が払われない。

ある研究者は指摘する。「警察官が使ったことばを見れば、3分の2の確率で相手の人種を言い当てられる」

白人の運転者は、「はい、もういいですよ、マム。安全運転でどうぞ」「問題ありません。ご協力ありがとうございました、サー」のようなことばを聞く可能性が高いの対し、黒人の運転者はまったくちがうことばを聞く可能性が高い。「もう一度、免許証見せて」「そう、それでいい、おい、きみ。ひとつ頼みがあるんだがな。ちょっとのあいだハンドルに両手を置いてくれよ」*

一見小さそうな、こうしたちがいが積み重なることで、人種間の不平等が広がっていくと考えられる。

スタンフォード大学のこの研究は、多くの重要な問題を提起している。警察官を人種差別主

* 人種は、ことばの調子のような微妙なところにも影響を及ぼす。黒人の運転者と話すとき、警察官の声のトーンはよりとがって聞こえる。緊張をはらみ、親しみやすさにも敬意にも乏しい印象を受ける。また、白人よりも黒人に対してのほうが命令口調になりやすかった。こうしたことばのちがいが、重大な結果につながったひとつのきっかけだったとしても不思議ではない。白人の運転者への話し方と黒人の運転者への口調を比べれば、警察組織への信頼が低下すると同時に、コミュニティに対する警察官の意識の低さがうかがえる。

義者と呼んだり、警察当局がアフリカ系アメリカ人を捕まえたがっている証拠だと指摘したりするのは簡単だ。たしかにそれも、この研究結果のひとつの解釈と言えるかもしれない。

だが、真実はもっと微妙でもっと複雑な可能性が高い。

個々の警察官のなかに実際に人種差別主義者がいるかもしれないし、大きなニュースになった事件で警察官のとったさまざまな行動を考えると、おそらくいることはまちがいないだろう。

だが、人種差別主義者かどうかとは関係なく、たとえ意図的でなかったとしても、多くの警察官が白人と黒人の扱いを変えているという厳然とした事実がある。ほとんどの警察官は、職務に忠実であろうとし、むずかしい状況のなかで最善を尽くそうとしているのだろう。だが、彼らが自覚しているかや、意図しているかにかかわらず、使うことばがちがうのだ。そしてこのことが、問題の根本的な解決をさらに困難にしている。

差別主義者が原因なら、該当する警察官を見つけ出すという方法がある。腐ったリンゴを取り除き、排除すればいい。

だが、何十万人もの警察官に染みついた固定観念や関連づけ、習慣、反応を変えるのは、並大抵のことではない*。

一方で、よいニュースもある。ことばは助けにもなることだ。ほとんどの警察官が、善意に立ち、正しいことをしようとしているのだとしても、彼らの話し方にはまだ改善できる部分があるということをことばが教えてくれる。意図しない偏見であっても特定することができる時代が来たのだから、世界はよりよい方向へ進んでいけるはずだ。

＊　偏見は警察官や交通違反の取り締まりにかぎったことではない。書籍の内容にアジア系アメリカ人への偏見が含まれていたり（「誰かの言いなり」「弱々しい」など）、ニュース記事にイスラム教徒への偏見が含まれていたり（テロとすぐに結びつけるなど）するほか、文化に他者への偏見がにじむことはよくある。このような目立たない偏見に気づくことをきっかけに、私たちがその問題への対処を始めていけることを願う。

エピローグ

この本ではこれまで、「魔法のことば《マジックワード》」の力について述べてきた。私たちの使うことばそのものと、その使い方は、幸せや成功に大きな影響を及ぼしうる。人を説得し、社会的つながりを深め、効果的にコミュニケーションをとるうえで、ことばはおおいに役立つ。

第1章では、「なりたい自分」と「主体性」にまつわることばを取りあげた。ことばは、たんに要求や情報を伝えるだけでなく、行為の主体を表すことができる。行動をアイデンティティに変えることで他者に行動を促し、「できない」を「しない」に変えることで自身の目標を達成しやすくし、「〜すべき」を「〜できる」に変えることで問題解決の発想を広げる方法を学んだ。「独り言《セルフトーク》」をつうじて自身に語りかけることが、不安の軽減とパフォーマンス向上に役立つ理由や、「あなた」という人称代名詞を入れたほうが有利な場合と不利な場合についても探究した。

第2章では、「自信」に関することばを取りあげた。ことばは、事実と意見を伝えるだけでなく、伝達者がその事実や意見にどのくらいの確信をもっているのかも伝える。弁護士の話し方が話す内容と同じくらい重要である理由、力強い話し方とはどういうものか、過去を現在形で表現すべき理由を探った。その過程で、伝達者のことをより信頼でき、権威があると思わせることばについて学び、確信があると思わせたほうがいい場合と、自身の意見に疑念を示したほうがいい場合についても紹介した。また、ヘッジ（ぼかした表現）とフィラー（ためらいの表現）の功罪に気づいた。

第3章では、「質問」にかかわることばを探究した。「質問」と聞くと私たちはただ情報収集のためにおこなうと考えがちだが、役割はほかにもたくさんある。助言を求めればかえってその人が有能に見える理由や、出会いパーティーでは質問を多くする人のほうが次の約束をとりつける可能性が高い理由について学んだ。どのようなタイプの質問が最も効果的で、どのようなタイミングが望ましいのか、また、フォローアップ質問がとくに有効な理由や、質問をかわすための質問、誤った前提を含めない質問の仕方、適切な質問を適切な順序で投げかけ、初対面の人から親しい同僚まで、誰とでもつながりを深める方法も取りあげた。

第4章では、ことばの「具体性」について述べた。顧客や同僚、家族、友人に話すとき、私たちはしばしば相手も自分と同レベルの知識をもっていると思い込んで抽象的な話をしようとするが、具体的であるほうがいい理由を知った。ちゃんと聞いていることを示す方法、顧客満足度や売上をあげる方法も取りあげた。一方、抽象的な言い方のほうがよい結果につながる場合にも触れた。抽象的なことばを使うことで、スタートアップの資金調達に有利に働いたり、リーダーシップの資質をアピールできたりする理由について学んだ。

第5章では、「感情」のことばについて述べた。人はときに、事実の裏づけさえあればアイデアは売れると考えるが、それは往々にして見当違いだ。感情にうったえる表現は、人の注意を惹き、聴衆を魅了し、行動を起こすよう説得するための強力なツールになる。また、よい物語とはどのようなものか、感情の軌跡が描くパターンにおいて「ピーク」の価値を高める「底」の存在意義について探った。さらに、文脈と、ことばがポジティブかネガティブか以外について考えることの重要さにも言及した。関心をもってもらえるプレゼンテーション、物語、コンテンツに仕上げるためのヒントも紹介した。

第6章では、同僚と似たような文章を書く人は昇進しやすく、似たような話し方をするカップルは2回目のデートに進みやすいという、ことばの「類似性」のもつ力について述べた。類似性を示すほうが望ましい状況、相違性を示すほうが望ましい状況と、その理由についても取りあげた。ことばの珍しい使い方が聴く人の記憶に残りやすいのはなぜか、物語の進む速さをコントロールするうえでことばがどのように役に立つかに触れた。

以上6つのカテゴリのマジックワードは、それぞれタイプは異なるが、私たちの生活のどの場面でも役立ってくれる。

マジックワードは、ときに呪文として使われてきた。「アブラカダブラ！」「ホーカス・ポーカス」「開けゴマ！」といったフレーズを唱え、マジシャンや霊能力があると称する者たちは不可能そうなことをやってみせてきた。

本書で紹介したように、適切なことばを適切なタイミングで使えば、想像以上に大きな力を発揮する。同僚や顧客を説得し、聴衆や知人を話に引き込み、パートナーや仲間とのつながりを深めることができる。

こうしたことばのインパクトは魔法のように見えるかもしれないが、私たちは魔法使いである必要はない。これらのことばは、神秘の呪文でも、中身不明のブラックボックスでもなく、人間の行動科学を活用することによって効果を発揮するのだ。

仕組みを理解することで、誰でもマジックワードの使い手になれる。

この本は、私の息子ジャスパーがマジックワード「お願い《プリーズ》」を発見するところから始まった。ジャスパーが大きくなるにつれてことばやその意味を吸収していく様子を、近くで見守っていきたい。彼はスポンジのようだ。ある日突然、誰かの真似なのか、「基本的に《ベイシカリィ》」ということばを言い始めた。別の日に、「ただちに《イミーディアットリィ》」と言い始めたのも、おそらく誰かが言っているのを聞いて憶えたのだろう。

彼はまた、私のことばの使い方を批評するようになった。ある日、私が彼に「きみは上着を着なくちゃ」みたいなことを言ったら、彼は「着なくちゃ、じゃないでしょ。ただパパが着てほしいと思っているだけでしょ」と返してきた。次にどんなことを言われるか楽しみでたまらない。

子育てにも関連することで、私がよく考えるテーマがある。

親というのは、牧羊犬に似ている。我が子など自分以外の誰かを正しい方向に進むように促すことが仕事だが、たいていの場合、彼らはほかの何かに興味を惹かれている。だから、彼らをそっと押したり、なだめたり、おだてたりしなければならない。靴を履きなさい。妹を押してはいけません。言うことを聞かなければ、次は口調を少し強めて要求する。

褒めるのはずっと簡単なように見える。子どもが自分で何かを見つけたり、描いた絵を見せてきたり、算数のテストでＡをもらったりするのは、その行動を褒め、拍手を送る絶好のチャンスだ。

１９９０年代後半、コロンビア大学の行動科学者ふたりが、褒めることそのものより「褒め方」が重要なのではないかと考えた。[1] 具体的には、褒めるときに特定のことばを使うことが、子どものモチベーション形成に影響するのではないかということだった。

研究チームは、小学5年生を対象に、抽象的な推論のパズルを解かせる実験をおこなった。一連の図形を見て、いくつかの選択肢のなかから、次にどれが来るかを考えさせるような問題だ。

数分間、取り組んだあとで、研究チームが生徒たちに感想を伝えた。すべての生徒を「わあ、すごいね。こんなむずかしい問題をよく解けたね」と褒めたのだが、一部の生徒にはさらに、生徒自身の能力――この実験の場合には知力――を褒めることばをつけ加えた。「こんなむずかしい問題を解けるなんて、きみはきっと頭がいいんだね」

研究チームがこのような褒め方を選んだのは、学業などの優れた成果に対する標準的なアプローチだからだ。生徒が問題に正しく答えたり、従業員がむずかしいトラブルを解決したりしたとき、私たちはしばしばその人の能力を褒める。そうすれば、その人が学習や仕事にいっそう努力していくと期待してのことだ。さらに研究チームは、褒められた人が逆境に立たされたとき――取り組むべき問題がよりむずかしくなったときや、本人がちょっと失敗してしまったとき――にどうなるかを考えた。

そこで、最初にポジティブなフィードバックを与えたあと、もっとむずかしいパズルを解かせることにした。今度は、出したパズルの半分以下しか解けず、「さっきよりできていないね」と言う。次に、1回目と同じような難易度に戻したパズルを全員に与え、研究チームはその成果を見守った。

すると、能力を褒められなかった生徒の成績は、それまでとほぼ同じで、よくもなっていなかったし、悪くもなっていなかった。楽しみつつ、同じ時間内に同じぐらいの数のパズルを解いた。

彼らと比較して、能力を、とくに知力を褒められた生徒の成績はよくなかった。能力を褒められると、成績はあがるどころか、下がってしまう結果となった。知力を褒められた生徒は、解けたパズルの数がそれまでより減り、褒められなかった生徒よりも成績が下回ったのだ。

さらに、知力を褒めたことによるネガティブな結果がほかにも明らかになってきた——成績が下がるだけでなく、パズルを解くのをいやがるようになり、パズルを解きつづけることに興味を示さなくなった。

つまり、能力を褒められたことで、生徒のものの見方が変わったのだ。パズルを解くことに関心があるのではなく、パズルを解くことが頭のよさを示すチャンスだと考えるようになった。知力が、もっているかもっていないかの、固定された資質になってしまった。成功すれば「頭がいい」、失敗すれば「頭が悪い」。うまくいかないことがあったときに、めげずに努力しようという気にならなくなってしまったのだった。

だからといって、褒めることがすべて悪いわけではない。
研究チームは、別の生徒グループには褒めるときのことばを少し変えてみた。「生徒」そのものを褒めたり、いかにその生徒の頭がいいかを伝えたりするのでなく、「プロセス」を、つまりどれだけ努力しているのかを褒めるようにしたのだ。「きみはがんばって問題を解いたんだね」

この本で述べてきた多くのアイデアと同様に、これらのアプローチのちがいはごく小さいと思われるかもしれない。とにかく、生徒全員を「よくできた」と褒めたことに変わりはなく、かけたことばも数語がちがうだけなのだから。

だがその数語が大きなちがいを生む。生徒が努力したプロセスやそのがんばりを褒めることで、生徒のやる気を削《そ》がず、むしろかき立てることができた。生徒たちは意欲を高め、より多くのパズルを解き、いま体験していることを楽しんだのだ。「ただうまくこなす」ことよりも「学ぶ」ことにより興味をもつようになり、そのマインドセットの変化が成績向上を呼んだのだった。

誰かに「頭がいいね」「数学の才能がある」「優秀なプレゼンターだ」と言うのは、そのときの成果がその人の生来の能力に依存していることを暗示する。テストの成績がよければ生来の能力のおかげであり、よくない結果だったら、運が悪くて解ける問題に当たらなかったせい。

その問題を解くのに必要な能力をもっていないのだから、解けるようにはならない、と。

だが、フィードバックを「プロセス」への称賛に変えると、意図した効果がより得られやすくなる。誰かがテストやプレゼンテーションでいい成果をあげたときに「よくがんばったね」「すばらしいプレゼンテーションだった」と伝えることは、本人の生来の能力を称《たた》えるのではなく、特定の状況での本人の努力にフォーカスするということだ*。つまり、うまくいかないときがあっても、それは失格や能力不足の証《あか》しではない。たんなるつまずきに過ぎず、次はもっとうまくできるように努力しようと思わせるメッセージとなる。

「ことば」の戦略で、すべてを変えることができる。

* 「すごいね。がんばって練習したんだね！」「熱心に勉強したのですね。それが成果に表れていますよ」なども同じ効果がある。

付録

自然言語処理に関するリファレンスガイド

本書の大半は、個人にフォーカスしていた。ことばの新しい科学を理解することで、いかに自身の影響力を高め、私生活でも仕事でも成功の可能性をあげられるかについて述べてきた。だが、本書で説明したツールは、企業や組織にも同じように役立つ。この付録では、活用例をいくつか紹介しよう。

顧客分析

多くの企業が自然言語処理を活用している分野のひとつに、顧客分析がある。顧客あるいは潜在顧客の書き込みや発言を分析することで、将来の行動を予測したり、望ましい行動に誘導したりできる。

たとえば、セグメンテーション（顧客層の細分化）について考えてみよう。問題や不満を抱えている顧客がいそうな場合に、どの顧客をどこに案内すればいいのかを、どうやって知ることができるだろうか。顧客のことばを分析すれば、彼らが何を求めているのか、どの担当者につなげればいいのかをより深く理解することができる。さらに、機械学習を利用し、取引をやめそうな顧客を特定し、それを食い止めるために介入することも可能だ。

同じ考え方は潜在顧客にも適用できる。その潜在顧客がどういう人物なのか、何に関心があるのかは、SNSのデータが情報を豊富に提供してくれる。企業はこのような情報をもとに広告のターゲットを決め、契約や購入などの成果につながる可能性に基づいて誰にどのようなメッセージを提示すべきかを考える。たとえば、「ルック・アライク・ターゲティング」は、観察可能な属性が既存の顧客とできるだけ似ている人を探し、製品やサービスに最も興味をもちそうな潜在顧客を決定する手法だ。

発売予定の製品や対処すべき問題についても言語から多くを知ることができる。「ソーシャルリスニング」と呼ばれるアプローチでは、SNS上でやり取りされるデータを集め、人々が製品やサービス、アイデアについてどのように話しているかを丹念に拾いあげる。たとえばホテルなら、利用者の多くがベッドの寝心地に不満を抱いていることがわかれば、それをもとに改善を施せるし、医薬品メーカーなら、新たな副作用の発生や利用者が不安に感じているところを察知できるかもしれない。

また、同じデータを新製品の開発に利用することもできる。消費者が既存の製品やサービスに対してどのような不満をもっているかを理解することで、企業は新しい製品をどのように売り出すのがベストかを判断できる。同様に、インターネットの検索データは、市場のどこに機会があるのか、どの分野に関心が集まっているのかを判別するのに役立つ。

訴訟案件

ことばは、訴訟案件でも有効な使い方ができる。ある洗剤ブランドがグリーンウォッシングで訴えられているとしよう。グリーンウォッシングとは、環境に優しい（エコフレンドリー）と偽って、本当は環境に優しくない商品を販売しようとすることだ。このような場合の標準的なアプローチは、専門家に意見を求めることだろう。たとえば、原告側の専門家は、そのブランドの広告を取りあげ、木々や地球の絵が描かれているから、エコフレンドリーであることを強調し、誤認させようとしていると主張するかもしれない。

これはひとつの立派な意見であり、それなりの正しさも含まれているかもしれないが、問題は、それがたんなる意見にすぎないということだ。意見。つまりかなり主観的なのだ。

被告側の弁護士なら同じ広告を見ても、被告企業に有利な、まったく別の意見を述べるだろう。たとえば、広告には洗浄効果についても書いてあるのだから、このブランドは別にエコフレンドリーと主張しているわけではないと論を張るかもしれない。

では、どちらが正しいのか？

ある専門家がある推測をし、別の専門家を連れてきて別の推測をさせるのではなく、ここでもテキスト分析を実行することによって、より現実的な状況を把握することができる。多数の広告（またはブランドによるＳＮＳへの投稿）のことばを大量に集めることで、何が起こっているのかをかなり読み取れるのだ。

手始めとしては、個々の単語を数えること。環境に関する単語（「地球」「環境」「エコ」など）をリストアップし、その出現回数を数える。広告やＳＮＳの投稿で、これらの単語が少なくとも1個使われている割合はどれくらいだろうか。さらに、その使用は長期的には広がっているのか、それとも特定の地域だけで展開される一部の広告にしか使われていないのか。

より複雑な手法を用いれば、さらに多くの情報を得ることができる。その洗剤ブランドで使われていることばを、環境に優しいとの評価が定まっているブランド（セブンスジェネレーションやタイドピュアクリーンなど）や、そうでないブランド（ゲインやふつうのタイドなど）で使われていることばと比較することで、より客観的な答えを得ることができる。

特定の広告や投稿のエコフレンドリー度を測定するには、エコフレンドリーであることをアピールしているブランド、していないブランドを含めた数十のブランドの大量の広告や投稿のデータを読み取らせて、機械学習の分類器を訓練するという方法がある。訓練した分類器に、測定したい洗剤ブランドの広告や投稿を通すことで、その洗剤ブランドがおおむね、環境に優しいと宣伝しているかどうかを知ることができる。

同様の手法で、アルコール飲料ブランドの広告が若者をターゲットにしているか、政治家が民主党と共和党のどちら寄りの発言をしているかを測定することも可能だ。

自動テキスト分析がとくに便利なのは、過去にさかのぼった分析もできるからだ。

あるテクノロジー企業が虚偽広告で訴えられているとしよう。その会社はいくつかの広告で、自社のノートパソコンが「羽根のように軽い」と謳《うた》っており、虚偽の主張に基づいて消費者を購入に誘導したことが問題視された。

標準的なアプローチとしては、アンケートを利用する方法がある。ある程度の人数の消費者を集めて広告を見せ、広告を見た消費者が見なかった消費者よりもノートパソコンの購入に興味をもつかどうかを確認するのだ。

だがこの方法では問題は解決しない。なぜなら、調査結果は、消費者がきょうその広告を見たときにどう反応するかは示唆するが、数年前にその広告を見たときにどのような反応を示したか、あるいは示したであろうかということについてはたいして教えてくれないからだ。文脈は変化する。ある主張が2年前にはある効果を発揮していたとしても、現在ではまったく異なる効果を発揮しているかもしれない。

そのため、タイムマシンでも発明されないかぎり、2年前の人たちの気持ちを知ることはほぼ不可能だった。

だが、テキスト分析ならそれが可能になる。

SNSの投稿や製品のレビューを分析することで、人々がメーカー側の主張に目を留めたかどうか、そのノートパソコンに対する購買態度の形成にメーカー側の主張が影響したかどうかを、より正確に把握することができる。たとえば、その広告を打つまえと打ったあとで、消費者がその製品について書いた投稿がどう変わったかを調べれば、消費者の好感度の変化を知ることができる。同様に、投稿の内容をさらに深く掘り下げれば、ポジティブなことを語っているかだけでなく、コンピューターの重量などの属性について実際に言及したかも確認できる。

マスメディアの使ったことばも参考になる。その製品に関する新聞記事の単語を分析することで、ブランドが主張したことをメディアが実際に取りあげたかどうかがわかる。

タイムトラベルはまだ実現不可能だが、テキスト分析という技術によって新しいタイプの考古学が可能になった。古代文明の痕跡のある化石や、琥珀《こはく》の内部に保存された昆虫のように、何十年もまえの考えや意見、物事への姿勢が、デジタル化されたことばのなかに隠れている。自動テキスト分析は、ことばのなかにあるそうした知見を明るみに出すための強力なツールとなる。

簡単に使えるツール

本書で言及したツールを実際に応用してみたいというかたのために、簡単に試せるものをふたつ紹介しておこう［対象は英文のみ］。

- https://liwc.app/
  親密さや社会的ストレス、政治的傾向、ブランドイメージなど、心理学に関するさまざまなトピックに関してテキストをスコアリングするツール

■ http://textanalyzer.org/
さまざまな切り口でテキストをスコアリングし、基本的なトピックやテーマの抽出もおこなうツール

より高度なツールや、さまざまな場面での活用方法に興味のあるかたのために、この分野の方法論についてまとめてある最近のレビュー論文をふたつ紹介する。

■ Jonah Berger and Grant Packard, "Using natural language processing to understand people and culture," *American Psychologist*, 77(4), 525-537.

■ Jonah Berger, Ashlee Humphreys, Stephen Ludwig, Wendy Moe, Oded Netzer, and David Schweidel, "Uniting the Tribes: Using Text for Marketing Insight," *Journal of Marketing* 84, no.1 (2020): 1-25.

謝辞

私がことばについて知っていることのほとんどすべてを教えてくれた、共同研究者であり同僚であり友人でもあるグラント・パッカードがいなければ、この本は実現しなかっただろう。これからも彼と協力し、すばらしい成果を出しつづけていけるように願っている。執筆過程で有益なフィードバックをくれたホリス・ハイムバウチとジェームズ・ナイドハルト、つねに私を支え、方向を示してくれたジム・ルビン、図表と参考文献の作成を支援してくれたノア・カッツに感謝する。言語という世界の新しいパズルに出合わせてくれたマリアとジェイミーに、心理学と言語分析の分野で偉大な研究を成し遂げてきたジェームズ・ペネベーカーに、そして本を愛するリリーとキャロラインに感謝を捧げる。最後に、毎日を魔法のようにしてくれるジョーダン、ジャスパー、ジェシー、ゾーイに心からのありがとうを。

13. Perry Bacon, Jr. “How the Police See Issues of Race and Policing,” FiveThirtyEight, June 4, 2020, https://fivethirtyeight.com/features/how-the-police-see-issues-of-race-and-policing/.
14. Rob Voigt et al., “Language from Police Body Camera Footage Shows Racial Disparities in Officer Respect,” *Proceedings of the National Academy of Sciences of the United States of America* 114, no. 25 (2017): 6521–26, https://doi.org/10.1073/pnas.1702413114.

エピローグ

1. Claudia M. Mueller and Carol S. Dweck, “Praise for Intelligence Can Undermine Children’s Motivation and Performance,” *Journal of Personality and Social Psychology* 75, no. 1 (1998): 33–52, https://psycnet.apa.org/doiLanding?doi=10.1037%2F0022-3514.75.1.33.

118, no. 7 (2021): e2017154118, https://doi.org/10.1073/pnas.2017154118.

6. Oded Netzer, Alain Lemaire, and Michal Herzenstein, "When Words Sweat: Identifying Signals for Loan Default in the Text of Loan Applications," *Journal of Marketing Research* 56, no. 6 (2019): 960–80, https://doi.org/10.1177/0022243719852959.
7. Reihane Boghrati, "Quantifying 50 Years of Misogyny in Music," Risk Management and Decision Processes Center, April 27, 2021, https://esg.wharton.upenn.edu/climate-center/quantifying-50-years-of-misogyny-in-music/.
8. Jahna Otterbacher, Jo Bates, and Paul Clough, "Competent Men and Warm Women: Gender Stereotypes and Backlash in Image Search Results," *CHI 17: Proceedings of the 2017 CHI Conference on Human Factors in Computing Systems*, May 2017, 6620–31, https://doi.org/10.1145/3025453.3025727.
9. Janice McCabe et al., "Gender in TwentiethCentury Children's Books: Patterns of Dis parity in Titles and Central Characters," *Gender & Society* 25, no. 2 (2011): 197–226, https://doi.org/10.1177/0891243211398358; Mykol C. Hamilton et al., "Gender Stereotyping and Underrepresentation of Female Characters in 200 Popular Children's Picture Books: A TwentyFirst Century Update," *Sex Roles* 55, no. 11 (2006): 757–65, https://link.springer.com/article/10.1007/s11199-006-9128-6.
10. Rae Lesser Blumberg, "The Invisible Obstacle to Educational Equality: Gender Bias in Textbooks," *Prospects* 38, no. 3 (2008): 345–61, https://link.springer.com/article/10.1007/s11125-009-9086-1; Betsey Stevenson and Hanna Zlotnik, "Representations of Men and Women in Introductory Economics Textbooks," *AEA Papers and Proceedings* 108 (May 2018): 180–85, https://doi.org/10.1257/pandp.20181102; Lesley Symons, "Only 11% of Top Business School Case Studies Have a Female Protagonist," *Harvard Business Review*, March 9, 2016, https://hbr.org/2016/03/only-11-of-top-business-school-case-studies-have-a-female-protagonist.
11. Nikhil Garg et al., "Word Embeddings Quantify 100 Years of Gender and Ethnic Stereotypes," *Proceedings of the National Academy of Sciences of the United States of America* 115, no. 16 (2018): E3635–44, https://doi.org/10.1073/pnas.1720347115; Anil Ramakrishna et al., "Linguistic analysis of differences in portrayal of movie characters," *Proceedings of the 55th Annual Meeting of the Association for Computational Linguistics* 1 (2017): 1669–78, https://aclanthology.org/P17-1153/; Liye Fu, Cristian DanescuNiculescuMizil, and Lillian Lee, "TieBreaker: Using Language Models to Quantify Gender Bias in Sports Journalism," July 13, 2016, arXiv, https://doi.org/10.48550/arXiv.1607.03895.
12. "Racial Divide in Attitudes Towards the Police," The Opportunity Agenda, https://transformingthesystem.org/criminal-justice-policy-solutions/public-opinion-report-a-new-sensibility/racial-divide-in-attitudes-towards-the-police/.

7. Kurt Gray et al., "'Forward Flow': A New Measure to Quantify Free Thought and Predict Creativity," *American Psychologist* 74, no. 5 (2019): 539–54, https://doi.org/10.1037/amp0000391; Cristian DanescuNiculescuMizil et al., "You Had Me at Hello: How Phrasing Affects Memorability," *Proceedings of the ACL*, 2012.
8. Olivier Toubia, Jonah Berger, and Jehoshua Eliashberg, "How Quantifying the Shape of Stories Predicts Their Success," *Proceedings of the National Academy of Sciences of the United States of America* 118, no. 26 (2021): e2011695118, https://doi.org/10.1073/pnas.2011695118.
9. Henrique L. Dos Santos and Jonah Berger, "The Speed of Stories: Semantic Progression and Narrative Success," *Journal of Experimental Psychology: General* 151, no.8 (2022) :18331842, https://pubmed.ncbi.nlm.nih.gov/35786955/

第7章 「ことば」をつうじて、世界を見つめる

1. Ryan L. Boyd and James W. Pennebaker, "Did Shakespeare Write Double Falsehood? Identifying Individuals by Creating Psychological Signatures with Text Analysis," *Psychological Science* 26, no. 5 (2015): 570–82, https://doi.org/10.1177/0956797614566658.
2. ことばの使い方は、たとえばジェンダーによって（参考：Mehl & Pennebaker 2003; Welch, PerezRosas, Kummerfeld, & Mihalcea 2019）、年齢によって（参考：Pennebaker & Stone 2002; Morgan Lopez et al., 2017; Sap et al., 2014）、人種によって（参考：PreotiucPietro & Ungar, 2018）、支持政党によって（参考：Preotiuc-Pietro et al., 2017; Sterling, Jost, & Bonneau, 2020）異なる。
3. James W. Pennebaker et al., "When Small Words Foretell Academic Success: The Case of College Admissions Essays," *PLOS ONE*, December 31, 2014, e115844, https://doi.org/10.1371/journal.pone.0115844; Matthew L. Newman et al., "Lying Words: Predicting Deception from Linguistic Styles," *Personality and Social Psychology Bulletin* 29, no. 5 (2003): 665–75, https://journals.sagepub.com/doi/10.1177/0146167203029005010.
4. ことばの使い方は、さまざまな健康状態にも関連する（Sinnenberg et al., 2017のレビューを参照）。これには、精神的健康（de Choudhury, Gamin, Counts, and Horvitz, 2013; Eichstaedt et al., 2018; Guntuku et al., 2017; Chancellor and De Choudhury 2020のレビューを参照）、ADHD（Guntuku et al., 2019）、心臓疾患（Eichstaedt et al., 2015）なども含まれる。健康状態を予測するうえで、ことばの使い方のほうが、当人の自己申告やSES（社会経済的地位）による測定よりも優れていることはよくある。
5. Sarah Seraj, Kate G. Blackburn, and James W. Pennebaker, "Language Left Behind on Social Media Exposes the Emotional and Cognitive Costs of a Romantic Breakup," *Proceedings of the National Academy of Sciences of the United States of America*

9. 異なる切り口によって言い方の変わる例をさらに見たい場合には以下の資料が参考になる。The Evaluative Lexicon (http://www.evaluativelexicon.com/) and Matthew D. Rocklage, Derek D. Rucker, and Loren F. Nordgren, "The Evaluative Lexicon 2.0: The Measurement of Emotionality, Extremity, and Valence in Language," *Behavior Research Methods* 50, no. 4 (2018): 1327–44, https://link.springer.com/article/10.3758/s13428-017-0975-6.
10. Rocklage et al., "MassScale Emotionality Reveals Human Behaviour and Marketplace Success."
11. Jonah Berger, Matthew D. Rocklage, and Grant Packard, "Expression Modalities: How Speaking Versus Writing Shapes Word of Mouth," *Journal of Consumer Research* 49, no.3 (2022), https://doi.org/10.1093/jcr/ucab076.
12. Matthew D. Rocklage and Russell H. Fazio, "The Enhancing Versus Backfiring Effects of Positive Emotion in Consumer Reviews," *Journal of Marketing Research* 57, no. 2 (2020): 332–52, https://doi.org/10.1177/0022243719892594.
13. Yang Li, Grant Packard, and Jonah Berger, "When Does Employee Language Matter?" Working Paper.

第6章　AI時代に見る「ことばの類似性」

1. Amir Goldberg et al., "Enculturation Trajectories and Individual Attainment: An Interactional Language Use Model of Cultural Dynamics in Organizations," in Wharton People Analytics Conference, Philadelphia, PA, 2016.
2. James W. Pennebaker et al., "When Small Words Foretell Academic Success: The Case of College Admissions Essays," *PLOS ONE*, December 31, 2014: e115844, https://doi.org/10.1371/journal.pone.0115844.
3. たとえば以下を参照。Molly E. Ireland et al., "Language Style Matching Predicts Relationship Initiation and Stability," *Psychological Science* 22, no. 1 (2011): 39–44, https://doi.org/10.1177/0956797610392928; Balazs Kovacs and Adam M. Kleinbaum, "LanguageStyle Similarity and Social Networks," *Psychological Science* 31, no. 2 (2019): 202–13, https://doi.org/10.1177/0956797619894557.
4. Jonah Berger and Grant Packard, "Are Atypical Things More Popular?," *Psychological Science* 29, no. 7 (2018): 1178–84, https://doi.org/10.1177/0956797618759465.
5. David M. Blei, Andrew Y. Ng, and Michael I. Jordan, "Latent Dirichlet Allocation," *Journal of Machine Learning Research* 3 (2003): 993–1022, https://www.jmlr.org/papers/volume3/blei03a/blei03a.pdf.
6. Molly E. Ireland et al., "Language Style Matching Predicts Relationship Initiation and Stability"; Paul J. Taylor and Sally Thomas, "Linguistic Style Matching and Negotiation Outcome," *Negotiation and Conflict Management Research* 1, no. 3 (2008): 263–81, https://onlinelibrary.wiley.com/doi/10.1111/j.1750-4716.2008.00016.x.

5. Colin Camerer, George Loewenstein, and Martin Weber, "The Curse of Knowledge in Economic Settings: An Experimental Analysis," *Journal of Political Economy* 97, no. 5 (1989): 1232–54. 以下も参照。Chip Heath and Dan Heath, *Made to Stick: Why Some Ideas Survive and Others Die* (New York: Random House, 2007).〔チップ・ハース、ダン・ハース『アイデアの力』日経BP、2008年〕
6. Laura Huang et al., "Sizing Up Entrepreneurial Potential: Gender Differences in Communication and Investor Perceptions of LongTerm Growth and Scalability," *Academy of Management Journal* 64, no. 3 (2021): 716–40, https://doi.org/10.5465/amj.2018.1417.
7. Cheryl J. Wakslak, Pamela K. Smith, and Albert Han, "Using Abstract Language Signals Power," *Journal of Personality and Social Psychology* 107, no. 1 (2014): 41–55, https://doi.org/10.1037/a0036626.

第5章 「感情」のことばは成功のカギ

1. Elliot Aronson et al., "The Effect of a Pratfall on Increasing Interpersonal Attractiveness," *Psychonomic Science* 4, no. 6 (1966): 227–28, https://doi.org/10.3758/BF03342263.
2. 以下も参照。Andrew J. Reagan et al., "The Emotional Arcs of Stories Dominated by Six Basic Shapes," *EPJ Data Science* 5, no. 31 (2016): 1–12, https://epjdatascience.springeropen.com/articles/10.1140/epjds/s13688-016-0093-1
3. Peter Sheridan Dodds et al., "Temporal Patterns of Happiness and Information in a Global Social Network: Hedonometrics and Twitter," *PLOS ONE*, December 7, 2011, https://doi.org/10.1371/journal.pone.0026752.
4. Erik Lindqvist, Robert Östling, and David Cesarini, "LongRun Effects of Lottery Wealth on Psychological WellBeing," *Review of Economic Studies* 87, no. 6 (2020): 2703–26, https://doi.org/10.1093/restud/rdaa006.
5. *Well-Being: The Foundations of Hedonic Psychology*, edited by D. Kahneman, E. Diener, and N. Schwarz (New York: Russell Sage Foundation, 1999), 302–29, シェイン・フレドリックとジョージ・ローウェンスタインによる。
6. Leif D. Nelson, Tom Meyvis, and Jeff Galak, "Enhancing the TelevisionViewing Experience Through Commercial Interruptions," *Journal of Consumer Research* 36, no. 2 (2009): 160–72, https://doi.org/10.1086/597030.
7. Bart De Langhe, Philip M. Fernbach, and Donald R. Lichtenstein, "Navigating by the Stars: Investigating the Actual and Perceived Validity of Online User Ratings," *Journal of Consumer Research* 42, no. 6 (2016): 817–33, https://doi.org/10.1093/jcr/ucv047.
8. Matthew D. Rocklage, Derek D. Rucker, and Loran F. Nordgren, "MassScale Emotionality Reveals Human Behaviour and Marketplace Success," Nature Human Behaviour 5 (2021): 1323–29, https://www.nature.com/articles/s41562-021-01098-5.

(2013): 1596–649.

3. Karen Huang et al., "It Doesn't Hurt to Ask: QuestionAsking Increases Liking," *Journal of Personality and Social Psychology* 113, no. 3 (2017): 430–52, https://doi.org/10.1037/pspi0000097.
4. Klea D. Bertakis, Debra Roter, and Samuel M. Putnam, "The Relationship of Physician Medical Interview Style to Patient Satisfaction," *Journal of Family Practice* 32, no. 2 (1991): 175–81.
5. Bradford T. Bitterly and Maurice E. Schweitzer, "The Economic and Interpersonal Consequences of Deflecting Direct Questions," *Journal of Personality and Social Psychology* 118, no. 5 (2020): 945–90, https://doi.org/10.1037/pspi0000200.
6. Julia A. Minson et al., "Eliciting the Truth, the Whole Truth, and Nothing but the Truth: The Effect of Question Phrasing on Deception," *Organizational Behavior and Human Decision Processes* 147 (2018): 76–93, https://doi.org/10.1016/j.obhdp.2018.05.006.
7. Arthur Aron et al., "The Experimental Generation of Interpersonal Closeness: A Procedure and Some Preliminary Findings," *Personality and Social Psychology Bulletin* 23, no. 4 (1997): 363–77.
8. Elizabeth PageGould, Rodolfo MendozaDenton, and Linda R. Tropp, "With a Little Help from My CrossGroup Friend: Reducing Anxiety in Intergroup Contexts Through CrossGroup Friendship," *Journal of Personality and Social Psychology* 95, no. 5 (2008): 1080–94, https://psycnet.apa.org/doiLanding?doi=10.1037%2F0022-3514.95.5.1080.

第4章　「具体的（How）」か、「抽象的（Why）」か

1. Grant Packard and Jonah Berger, "How Concrete Language Shapes Customer Satisfaction," *Journal of Consumer Research* 47, no. 5 (2021): 787–806, https://doi.org/10.1093/jcr/ucaa038.
2. Nooshin L. Warren et al., "Marketing Ideas: How to Write Research Articles That Readers Understand and Cite," *Journal of Marketing* 85, no. 5 (2021): 42–57, https://doi.org/10.1177/00222429211003560.
3. Ian Begg, "Recall of Meaningful Phrases," *Journal of Verbal Learning and Verbal Behavior* 11, no. 4 (1972): 431–39, https://www.sciencedirect.com/science/article/pii/S0022537172800240.
4. Jonah Berger, Wendy Moe, and David Schweidel, "Linguistic Drivers of Content Consumption," working paper, 2022; Yoon Koh et al., "Successful Restaurant Crowdfunding: The Role of Linguistic Style," *International Journal of Contemporary Hospitality Management* 32, no. 10 (2020): 3051–66, https://www.emerald.com/insight/content/doi/10.1108/IJCHM-02-2020-0159/full/html.

Persuasion," *Communications Monographs* 65, no. 2 (1998): 108–25, https://doi.org/10.1080/03637759809376440.
4. Paul C. Price and Eric R. Stone, "Intuitive Evaluation of Likelihood Judgment Producers: Evidence for a Confidence Heuristic," *Journal of Behavioral Decision Making* 17, no. 1 (2004): 39–57, https://doi.org/10.1002/bdm.460.
5. あいまいな表現が少なく断定的な表現の多い申請書のほうが、実際にアメリカ国立科学財団からの研究助成金をより多く獲得している。以下を参照。David M. Markowitz, "What Words Are Worth: National Science Foundation Grant Abstracts Indicate Award Funding," *Journal of Language and Social Psychology* 38, no. 3 (2019): 264–82, https://doi.org/10.1177/0261927X18824859.
6. Lawrence A. Hosman, "The Evaluative Consequences of Hedges, Hesitations, and Intensifiers: Powerful and Powerless Speech Styles," *Human Communication Research* 15, no. 3 (1989): 383–406; James J. Bradac and Anthony Mulac, "A Molecular View of Powerful and Powerless Speech Styles: Attributional Consequences of Specific Language Features and Communicator Intentions," *Communications Monographs* 51, no. 4 (1984): 307–19, https://doi.org/10.1080/03637758409390204.
7. Laurie L. Haleta, "Student Perceptions of Teachers' Use of Language: The Effects of Powerful and Powerless Language on Impression Formation and Uncertainty," *Communication Education* 45, no. 1 (1996): 16–28, https://doi.org/10.1080/03634529609379029.
8. David Hagmann and George Loewenstein, "Persuasion with Motivated Beliefs," in *Opinion Dynamics & Collective Decisions Workshop* (2017).
9. Mohamed A. Hussein and Zakary L. Tormala, "Undermining Your Case to Enhance Your Impact: A Framework for Understanding the Effects of Acts of Receptiveness in Persuasion," *Personality and Social Psychology Review* 25, no. 3 (2021): 229–50, https://doi.org/10.1177/10888683211001269.
10. Jakob D. Jensen, "Scientific Uncertainty in News Coverage of Cancer Research: Effects of Hedging on Scientists' and Journalists' Credibility," *Human Communication Research* 34, no. 3 (2008): 347–69, https://academic.oup.com/hcr/article-abstract/34/3/347/4210781.

第3章 「質問」巧者こそ、望みの結果を引き出せる

1. Alison Wood Brooks, Francesca Gino, and Maurice E. Schweitzer, "Smart People Ask for (My) Advice: Seeking Advice Boosts Perceptions of Competence," *Management Science* 61, no. 6 (2015): 1421–35, https://doi.org/10.1287/mnsc.2014.2054.
2. Daniel A. McFarland, Dan Jurafsky, and Craig Rawlings, "Making the Connection: Social Bonding in Courtship Situations," *American Journal of Sociology* 118, no. 6

(New York: Crown, 2021).〔イーサン・クロス『Chatter（チャッター）―頭の中のひとりごとをコントロールし、最良の行動を導くための26の方法』東洋経済新報社、2022年〕

10. Ethan Kross et al., "ThirdPerson SelfTalk Reduces Ebola Worry and Risk Perception by Enhancing Rational Thinking," *Applied Psychology: Health and Well-Being* 9, no. 3 (2017): 387–409, https://doi.org/10.1111/aphw.12103; Celina R. Furman, Ethan Kross, and Ashley N. Gearhardt, "Distanced SelfTalk Enhances Goal Pursuit to Eat Healthier," *Clinical Psychological Science* 8, no. 2 (2020): 366–73, https://doi.org/10.1177/2167702619896366.
11. Antonis Hatzigeorgiadis et al., "SelfTalk and Sports Performance: A Metaanalysis," *Perspectives on Psychological Science* 6, no. 4 (2011): 348–56, https://doi.org/10.1177/1745691611413136.
12. Ryan E. Cruz, James M. Leonhardt, and Todd Pezzuti, "Second Person Pronouns Enhance Consumer Involvement and Brand Attitude," *Journal of Interactive Marketing* 39, no.1 (2017): 104–16, https://doi.org/10.1016/j.intmar.2017.05.001.
13. Grant Packard, Sarah G. Moore, and Brent McFerran, "(I'm) Happy to Help (You): The Impact of Personal Pronoun Use in CustomerFirm Interactions," *Journal of Marketing Research* 55, no. 4 (2018): 541–55, https://doi.org/10.1509/jmr.16.0118.

第2章　なぜあの人のことばには説得力があるのか

1. William M. O'Barr, *Linguistic Evidence: Language, Power, and Strategy in the Courtroom* (New York: Academic Press, 1983).
2. Bonnie E. Erickson et al., "Speech Style and Impression Formation in a Court Setting: The Effects of 'Powerful' and 'Powerless' Speech," *Journal of Experimental Social Psychology* 14, no. 3 (1978): 266–79, https://psycnet.apa.org/record/1979-10941-001.
3. この効果について述べた文献をいくつか紹介しておく。Mark Adkins and Dale E. Brashers, "The Power of Language in ComputerMediated Groups," *Management Communication Quarterly* 8, no. 3 (1995): 289–322, https://doi.org/10.1177/0893318995008003002; Lawrence A. Hosman, "The Evaluative Consequences of Hedges, Hesitations, and Intensifiers: Powerful and Powerless Speech Styles," *Human Communication Research* 15, no. 3 (1989): 383–406, https://psycnet.apa.org/record/1989-32814-001; Nancy A. Burrell and Randal J. Koper, "The Efficacy of Powerful/Powerless Language on Attitudes and Source Credibility," in *Persuasion: Advances Through Meta-analysis*, edited by Michael Allen and Raymond W Preiss (Creskill, NJ: Hampton Press, 1988): 203–15; Charles S. Areni and John R. Sparks, "Language Power and Persuasion," *Psychology & Marketing* 22, no. 6 (2005): 507–25, https://doi.org/10.1002/mar.20071; John R. Sparks, Charles S. Areni, and K. Chris Cox, "An Investigation of the Effects of Language Style and Communication Modality on

原注

はじめに

1. Matthias R. Mehl et al., “Are Women Really More Talkative than Men?,” *Science* 317, no. 5834 (2007): 82, https://doi.org/10.1126/science.1139940.
2. Ellen J. Langer, Arthur Blank, and Benzion Chanowitz, “The Mindlessness of Ostensibly Thoughtful Action: The Role of ‘Placebic’ Information in Interpersonal Interaction,” *Journal of Personality and Social Psychology* 36, no. 6 (1978): 635-42.

第1章 〝名（ことば）〟は体を表す

1. Christopher J. Bryan, Allison Master, and Gregory M. Walton, “‘Helping’ Versus ‘Being a Helper’: Invoking the Self to Increase Helping in Young Children,” *Child Development* 85, no. 5 (2014): 1836–42, https://doi.org/10.1111/cdev.12244.
2. Susan A. Gelman and Gail D. Heyman, “CarrotEaters and CreatureBelievers: The Effects of Lexicalization on Children’s Inferences About Social Categories,” *Psychological Science* 10, no. 6 (1999): 489–93, https://psycnet.apa.org/record/2000-15023-004.
3. Gregory M. Walton and Mahzarin R. Banaji, “Being What You Say: The Effect of Essentialist Linguistic Labels on Preferences,” *Social Cognition* 22, no. 2 (2004): 193–213, https://doi.org/10.1521/soco.22.2.193.35463.
4. Christopher J. Bryan et al., “Motivating Voter Turnout by Invoking the Self,” *Proceedings of the National Academy of Sciences of the United States of America* 108, no. 31 (2011): 12653–56, https://doi.org/10.1073/pnas.1103343108.
5. Christopher J. Bryan, Gabrielle S. Adams, and Benoît Monin, “When Cheating Would Make You a Cheater: Implicating the Self Prevents Unethical Behavior,” *Journal of Experimental Psychology: General* 142, no. 4 (2013): 1001-5, https://doi.org/10.1037/a0030655.
6. Vanessa M. Patrick, and Henrik Hagtvedt, “‘I don’t’ Versus ‘I can’t’: When Empowered Refusal Motivates GoalDirected Behavior,” *Journal of Consumer Research* 39, no. 2 (2012): 371–81, https://doi.org/10.1086/663212. Vanessa Patrick 著の良書、*The Power of Saying No: The New Science of How to Say No that Puts You in Charge of Your Life*（Sourcebooks 刊）も参照してほしい。
7. Ting Zhang, Francesca Gino, and Joshua D. Margolis, “Does ‘Could’ Lead to Good? On the Road to Moral Insight,” *Academy of Management Journal* 61, no. 3 (2018): 857–95, https://doi.org/10.5465/amj.2014.0839.
8. Ellen J. Langer and Alison I. Piper, “The Prevention of Mindlessness,” *Journal of Personality and Social Psychology* 53, no. 2 (1857): 280, https://psycnet.apa.org/doiLanding?doi=10.1037%2F0022-3514.53.2.280.
9. この分野でイーサン・クロスがすばらしい研究をおこなっている。彼の著書を紹介しておこう。*Chatter: The Voice in Our Head, Why it Matters, and How to Harness It*

［著者］

ジョーナ・バーガー Jonah Berger

ペンシルベニア大学ウォートン校のマーケティング教授。ことばによる行動変化や社会的影響、口コミ、モノやサービスの流行の理由などを解き明かす、自然言語処理分野のエキスパートとして知られる。ニューヨーク・タイムズ、ウォール・ストリート・ジャーナル、ハーバード・ビジネス・レビューへの寄稿をはじめ、一流学術誌に70本以上の論文を発表。グーグル、アップル、ナイキ、ゲイツ財団のコンサルタントを務め、ことばを活用した変革や流行の起こし方を支援。ファスト・カンパニー誌による「ビジネス界で最もクリエイティブな人物」に選出される。『なぜ「あれ」は流行るのか？　強力に「伝染」するクチコミはこう作る！』(日本経済新聞出版)、『インビジブル・インフルエンス　決断させる力』(東洋館出版社)、『THE CATALYST　一瞬で人の心が変わる伝え方の技術』(かんき出版) など、著作は世界各国で翻訳され累計発行部数100万部を超える。

［訳者］

依田光江 Mitsue Yoda

お茶の水女子大学卒。外資系IT企業勤務を経て翻訳の道へ。主な訳書に、ブラウン『ジェフリー・エプスタイン　億万長者の顔をした怪物』、デイヴィス『エクストリーム・エコノミー　大変革の時代に生きる経済、死ぬ経済』、クリステンセン他『ジョブ理論　イノベーションを予測可能にする消費のメカニズム』(以上、ハーパーコリンズ・ジャパン)、グリーン『一流投資家が人生で一番大切にしていること』、ロス『99パーセントのための社会契約：会社、国家、市民の未来』(以上、早川書房)、ジェリッシュ『スマートマシンはこうして思考する』(みすず書房) など。

「ことば」の戦略《せんりやく》
たった1語《ご》がすべてを変《か》える。

2023年11月22日発行　第1刷

著　　者　ジョーナ・バーガー
訳　　者　依田光江
発 行 人　鈴木幸辰
発 行 所　株式会社ハーパーコリンズ・ジャパン
東京都千代田区大手町1-5-1
電話　03-6269-2883（営業）
0570-008091（読者サービス係）
ブックデザイン　山之口正和＋齋藤友貴（OKIKATA）
印刷・製本　中央精版印刷株式会社

Printed in Japan
ISBN978-4-596-52918-3